Prädiktive Analytik

Nutzen Sie die Kraft der Daten für Einblicke

Geschrieben von Daniel Carr
Herausgegeben vom Cornell-David Publishing House

Index

Urheberrecht und andere Haftungsausschlüsse:

I. Predictive Analytics verstehen

1.1 Einführung in Predictive Analytics

Predictive Analytics ist eine moderne Technologie, die die Arbeitsweise von Unternehmen und Organisationen schrittweise verändert. Bei diesem anspruchsvollen Ansatz werden historische Daten, maschinelle Lernalgorithmen, statistische Methoden und KI (künstliche Intelligenz) genutzt, um zukünftige Trends, Verhaltensweisen und Ereignisse vorherzusagen. Das Hauptziel von Predictive Analytics besteht darin, Unternehmen umsetzbare Zukunftserkenntnisse zu liefern, die es ihnen ermöglichen, Probleme zu lösen, Chancen zu nutzen und datengesteuerte Entscheidungen zu treffen.

Der Prozess der prädiktiven Analyse umfasst mehrere Schritte, darunter Datenerfassung, Datenbereinigung, statistische Analyse, Modellentwicklung, Modellvalidierung und -bereitstellung sowie die endgültige Vorhersagegenerierung. Jeder Schritt spielt eine entscheidende Rolle bei der Bereitstellung der genauesten und wertvollsten Vorhersagen.

1.2 Bedeutung und Nutzen von Predictive Analytics

Predictive Analytics entwickelt sich schnell zu einem wesentlichen Werkzeug im Bereich der Geschäftsstrategie und -entwicklung.

- **Risikominderung** : Die prädiktive Analyse liefert Einblicke in potenzielle Risiken und ermöglicht es

Unternehmen, vorbeugende Maßnahmen zu ergreifen. Im Finanzwesen können prädiktive Analysen beispielsweise Kreditausfälle, Kreditrisiken, Anlageergebnisse und Betrugserkennung vorhersagen.

- **Optimiertes Marketing** : Es hilft bei der Optimierung von Marketingkampagnen, indem es Einblicke in Kundenreaktionen und Kaufverhalten bietet und so eine personalisierte Customer Journey ermöglicht.
- **Verbesserte Abläufe** : Vorhersagemodelle können die betriebliche Effizienz optimieren, z. B. durch die Vorhersage des Lagerbedarfs und die Verwaltung von Ressourcen.
- **Betrug erkennen** : Prädiktive Analysen können dabei helfen, Muster und Unregelmäßigkeiten zu erkennen, die möglicherweise auf betrügerische Aktivitäten hinweisen, und bieten so einen robusten Mechanismus für Frühwarnsysteme.

1.3 Haupttechniken in Predictive Analytics

Es gibt drei wichtige Vorhersagemodellierungstechniken:

1. **Vorhersagemodelle** : Diese Technik verwendet Prädiktoren, um Ergebnisse vorherzusagen. Als Prädiktoren können mehrere Variablen wie Demografie, Ausgabegewohnheiten und frühere Interaktionen verwendet werden, um Ergebnisse wie die Abwanderungsrate oder die Wahrscheinlichkeit eines Wiederkaufs vorherzusagen.
2. **Beschreibende Modelle** : Diese Technik gruppiert potenzielle Kunden in verschiedene Kategorien, um die Wahrscheinlichkeit zu verstehen, auf bestimmte Angebote zu reagieren.

3. **Entscheidungsmodelle** : Sie berücksichtigen die Korrelation zwischen Prädiktoren und spezifischen Entscheidungen, um die Entscheidungsfindung zu optimieren.

1.4 Herausforderungen in Predictive Analytics

Während Predictive Analytics enorme Vorteile mit sich bringt, müssen für ihre effektive Umsetzung bestimmte Herausforderungen überwunden werden.

- **Datenqualität** : Schlechte Datenqualität kann zu ungenauen Vorhersagen führen.
- **Mangel an Fachpersonal** : In diesem Bereich sind Experten erforderlich, die Modelle entwickeln und Ergebnisse interpretieren können.
- **Sich ändernde Umgebungen** : Reale Umgebungen können sich schnell ändern, wodurch Modelle manchmal veraltet sind.
- **Überanpassung** : Es tritt auf, wenn ein Modell so genau auf die Nuancen eines bestimmten Datensatzes abzielt, dass es bei neuen Daten schlecht abschneidet.

1.5 Die Zukunft der Predictive Analytics

Mit fortschreitender Technologie entwickelt sich die prädiktive Analyse weiter und wird robuster. Es findet neue Anwendungen in verschiedenen Branchen wie Gesundheitswesen, Finanzen, Cybersicherheit und mehr. Von der Vorhersage von Patientenergebnissen über die Erkennung von Finanzbetrug bis hin zur Vorhersage von Cybersicherheitsbedrohungen verspricht Predictive Analytics eine Zukunft, die von Daten und umsetzbaren Erkenntnissen bestimmt wird.

Im Wesentlichen ist Predictive Analytics ein leistungsstarkes Tool, das technologische Fortschritte nutzt, um datengesteuerte Entscheidungsfähigkeiten zu ermöglichen. Das Verständnis seiner Bedeutung, Vorteile, Techniken und Herausforderungen ist der erste Schritt zur Nutzung seiner Kraft.

1.1 Die Grundlagen der Predictive Analytics

Predictive Analytics ist ein Zweig der Advanced Analytics, der, wie der Name schon sagt, Vorhersagen über zukünftige Ergebnisse auf der Grundlage historischer Daten und zahlreicher Techniken wie statistischer Algorithmen, Data Mining und maschinellem Lernen trifft.

Mit anderen Worten: Predictive Analytics nutzt die Daten der Vergangenheit, um die Zukunft vorherzusagen. Es ist eine proaktive Methode für Unternehmen, sich einen Wettbewerbsvorteil zu verschaffen, indem sie umsetzbare Erkenntnisse basierend auf den erwarteten Ereignissen generieren. Es spielt eine wichtige Rolle in verschiedenen Bereichen wie dem Gesundheitswesen, dem Marketing, der Regierungspolitik und den Finanzdienstleistungen, wo es enorme Vorteile bietet, indem es eine evidenzbasierte Entscheidungsfindung ermöglicht.

1.1.1 Funktionsweise von Predictive Analytics

Die zugrunde liegende Grundlage der prädiktiven Analyse basiert auf der Erfassung von Beziehungen zwischen mehreren erklärenden Variablen und der vorhergesagten Variablen aus vergangenen Ereignissen und deren Verwendung zur Vorhersage der Zukunft. Zu den wichtigsten Prozessschritten gehören die Datenerfassung, die Datenvorverarbeitung, die statistische Analyse/Modellierung, die Validierung und die endgültige Implementierung. Auch wenn dies einfach erscheinen mag, erfordert es erhebliches Fachwissen, um die Leistungsfähigkeit von Algorithmen, Tools, Techniken und Methoden zu nutzen.

1.1.2 Bedeutung von Predictive Analytics

In der sich schnell entwickelnden Geschäftslandschaft von heute kann die Bedeutung von Predictive Analytics nicht genug betont werden. Es unterstützt Unternehmen dabei, Betrug zu erkennen, Marketingstrategien zu optimieren, Abläufe zu verbessern und Risiken zu reduzieren. Darüber hinaus können damit Trends und Muster identifiziert werden, die in den Massen an Rohdaten nicht erkennbar wären. Dies kann für die Vorhersage zukünftiger Ereignisse von unschätzbarem Wert sein und es Unternehmen ermöglichen, proaktiv auf diese Vorhersagen zu reagieren.

1.1.3 Arten von Predictive Analytics

Abhängig von der Art der erforderlichen Vorhersage und der Art der verfügbaren Daten werden verschiedene Arten von Predictive-Analytics-Methoden verwendet. Diese beinhalten:

1. *Beschreibende Modelle* – Diese klassifizieren Daten basierend auf den historischen Daten in verschiedene Gruppen.
2. *Vorhersagemodelle* – Diese nutzen historische Daten, um zukünftige Ereignisse vorherzusagen.
3. *Entscheidungsmodelle* – Diese sagen die Ergebnisse verschiedener Entscheidungsalternativen basierend auf bekannten oder angenommenen Szenarien voraus.

1.1.4 Herausforderungen in Predictive Analytics

Obwohl prädiktive Analysen unglaubliche Ergebnisse liefern können, ist ihre effektive Nutzung nicht ohne Herausforderungen. Datenqualität, Datenschutz, Mangel an Fachpersonal und Zeitaufwand für die Datenaufbereitung und Modellbildung sind einige der Hürden, mit denen Unternehmen häufig konfrontiert sind. Mit der richtigen Planung und den entsprechenden Ressourcen können diese Herausforderungen jedoch gemildert werden.

1.1.5 Die Zukunft der Predictive Analytics

Predictive Analytics ist keine Modeerscheinung, die bald verschwinden wird. Ganz im Gegenteil. Mit den Fortschritten bei KI und maschinellem Lernen werden sich die Genauigkeit und Benutzerfreundlichkeit von Predictive Analytics in den kommenden Jahren weiter verbessern. Es wird weiterhin erhebliche Auswirkungen auf verschiedene Branchen haben, die datengesteuerte Entscheidungsfindung anregen und den Weg für optimierte und effizientere Ergebnisse ebnen.

Durch das Verständnis und die Nutzung des Potenzials von Predictive Analytics können Unternehmen im zukünftigen Wettbewerbsumfeld nicht nur überleben, sondern auch erfolgreich sein. Es ist ein Tool, mit dem Sie in die Zukunft blicken können, um heute Entscheidungen zu treffen, die den Grundstein für den Erfolg von morgen legen. Predictive Analytics ermöglicht es Unternehmen tatsächlich, über das bloße Wissen „was passiert ist" hinauszugehen und eine optimale Einschätzung darüber zu liefern, „was in Zukunft passieren wird".

1.1 Predictive Analytics: Das Konzept erklärt

Predictive Analytics – ein Begriff, der im heutigen datengesteuerten Zeitalter immer mehr an Bedeutung gewinnt – umfasst die Nutzung von Daten, statistischen Algorithmen und Techniken des maschinellen Lernens, um die Wahrscheinlichkeit zukünftiger Ergebnisse auf der Grundlage historischer Daten zu ermitteln. Um das Konzept besser zu verstehen, betrachten Sie es als „die Praxis, fundierte Prognosen über die Zukunft auszutauschen".

Mit der Weiterentwicklung der digitalen Technologie sind Unternehmen oder Organisationen zunehmend mit einem Zustrom von Big Data konfrontiert. Letztendlich wird die Verwaltung und Entschlüsselung einer derart umfangreichen Informationsmenge zu einer echten Herausforderung. Hier kommt der Einsatz von Predictive Analytics ins Spiel.

Vereinfacht ausgedrückt untersucht Predictive Analytics die in diesen Big Data enthaltenen Muster, um Risiken zu mindern und Chancen zu nutzen. Es prognostiziert genau, was als nächstes passieren wird, sodass datenbasierte Entscheidungen in Echtzeit getroffen werden können.

Stellen Sie sich zum Beispiel vor, ein E-Commerce-Unternehmen könnte die Wahrscheinlichkeit vorhersehen, dass ein Kunde seinen Kauf zurückgibt. Das Unternehmen könnte diese Person dann mit Sonderangeboten oder Anreizen gezielt ansprechen, um die Kundenzufriedenheit und das Engagement zu steigern.

1.2 Wesentliche Komponenten von Predictive Analytics

Der Prozess der Predictive Analytics kann in mehrere Hauptkomponenten unterteilt werden.

1. **Datenerfassung:** Alles beginnt mit der Datenerfassung, bei der eine Vielzahl von Daten aus verschiedenen Quellen wie strukturierten, halbstrukturierten oder unstrukturierten Daten erfasst werden.
2. **Datenanalyse:** Nach der Datenerfassung folgt die Datenanalyse. Für diese Phase sind Experten erforderlich, die diese Daten analysieren und auswerten können, um aussagekräftige Muster für die Verwendung im Vorhersagemodell zu extrahieren.
3. **Statistische Analyse:** Sobald die Daten gründlich analysiert wurden, werden statistische Algorithmen auf die Daten angewendet, um ein statistisches Modell zu erstellen.
4. **Modellbereitstellung:** In der nächsten Phase erfolgt die Bereitstellung des Vorhersagemodells mithilfe der ausgewählten statistischen Algorithmen.

5. **Modellüberwachung:** Zuletzt wird die Modellüberwachung durchgeführt. Dabei geht es darum, die Leistung des Vorhersagemodells zu verfolgen und es auf der Grundlage seiner Vorhersagegenauigkeit zu verfeinern.

1.3 Anwendungen von Predictive Analytics

Predictive Analytics hat weitreichende Anwendungen in mehreren Bereichen. Im Gesundheitswesen kann es zur Vorhersage von Krankheitsverläufen und zur Unterstützung der Präventivmedizin eingesetzt werden. Im Geschäftsleben kann es das Kundenverhalten vorhersehen, Marketingkampagnen optimieren und potenzielle Risiken oder Betrug erkennen. Im Finanzwesen können prädiktive Analysen das Risikomanagement unterstützen, insbesondere bei der Prognose von Kredit- oder Kreditausfallwahrscheinlichkeiten.

1.4 Predictive Analytics-Techniken

Eine nahtlose prädiktive Analyse wird durch eine breite Palette von Techniken ermöglicht, wie unter anderem Regressionstechniken, Zeitreihenanalyse, maschinelles Lernen, Entscheidungsbaumanalyse und neuronale Netze. Der Hauptunterschied zwischen diesen verschiedenen Techniken besteht in der Genauigkeit ihrer Prognosen und der Art der Beziehungen, die sie herstellen können.

1.5 Einschränkungen von Predictive Analytics

Trotz ihrer aussagekräftigen zukunftsweisenden Erkenntnisse ist Predictive Analytics nicht ohne Herausforderungen oder Einschränkungen – sie kann die Auswirkungen unerwarteter, exogener Ereignisse nicht vorhersagen. Darüber hinaus ist es nur so gut wie die Daten, auf denen es basiert. Wenn die gesammelten Daten verzerrt, unvollständig oder fehlerhaft sind, führen sie zu verzerrten und ungenauen Vorhersagen.

Darüber hinaus können die ethischen Implikationen von Predictive Analytics nicht ignoriert werden. Da dabei häufig personenbezogene Daten verarbeitet werden, stellen Fragen des Datenschutzes und der Datensicherheit erhebliche Herausforderungen dar. Daher sollten Schutzmaßnahmen verstärkt werden, um sicherzustellen, dass der Einsatz von Predictive Analytics das richtige Gleichgewicht findet, den Nutzen maximiert und potenzielle Bedrohungen minimiert.

1.1 Predictive Analytics definieren

Um das gesamte Spektrum der Möglichkeiten zu verstehen, die Predictive Analytics bietet, ist es wichtig, zunächst klar zu verstehen, was dieses Konzept beinhaltet. Laienhaft ausgedrückt bezieht sich Predictive Analytics auf die Nutzung sowohl vorhandener Daten als auch statistischer Algorithmen, um die wahrscheinlichen zukünftigen Ergebnisse eines Ereignisses oder einer Eintrittswahrscheinlichkeit zu bestimmen.

Einfach ausgedrückt ist Predictive Analytics eine zukunftsorientierte Datenanalysetechnik, die es Unternehmen ermöglicht, Trends, Muster und Verhaltensweisen vorherzusagen, indem sie auf Rechenleistung und statistische Methoden zurückgreifen.

1.2 Methoden und Prinzipien hinter Predictive Analytics

Prädiktive Analysen basieren auf einer Vielzahl statistischer Techniken und Berechnungsmethoden, darunter unter anderem Data Mining, maschinelles Lernen, neuronale Netze, KI und statistische Modellierung. Diese Methoden zielen darauf ab, Muster durch die Analyse großer, historischer und transaktionaler Datensätze zu identifizieren, um zukünftige Ergebnisse vorherzusagen.

Ein wesentliches Element der prädiktiven Analyse sind die Prädiktorvariablen, die Informationen über das wahrscheinliche Verhalten liefern. Diese Variablen werden in Verbindung mit einem Vorhersagemodell verwendet, um zukünftige Ereignisse mit angemessener Genauigkeit vorherzusagen.

1.3 Die Anwendung von Predictive Analytics

Predictive Analytics findet in einem breiten Spektrum von Disziplinen, Sektoren und Industriezweigen Anwendung. Unternehmen nutzen die Leistungsfähigkeit der Predictive Analytics unter anderem in den Bereichen Marketing, Finanzen, Gesundheitswesen, Versicherungen und Telekommunikation.

Zu den typischen Anwendungen gehören Kreditwürdigkeitsprüfung, Betrugserkennung, Marktsegmentierung, Bestands- und Lieferkettenoptimierung, Modellierung des Customer Lifetime Value, Abwanderungsvorhersage, Gesundheitsrisikobewertung und vorausschauende Wartung.

1.4 Schritte im Predictive Analytics-Prozess

Der Prozess der prädiktiven Analyse kann in mehrere umfassende Schritte unterteilt werden: Datenerfassung,

Datenvorverarbeitung, Modellentwicklung, Tests und Validierung sowie Bereitstellung. Jeder Schritt erfordert spezifische Verfahren und Methoden.

- **Datenerfassung:** Die erste und grundlegende Phase besteht darin, einen umfangreichen historischen Datensatz zu sammeln.
- **Datenvorverarbeitung:** Nach der Datenerfassung muss eine Vorverarbeitung durchgeführt werden, um fehlende Werte und Ausreißer zu beheben und die Daten in eine geeignete Struktur für Analysen einzufügen.
- **Modellentwicklung:** Anschließend wird auf Basis der vorliegenden Daten und des zu adressierenden Problems ein Vorhersagemodell entwickelt.
- **Testen und Validieren:** In diesem Schritt werden die Genauigkeit und Zuverlässigkeit des Modells bewertet, um seine Wirksamkeit festzustellen.
- **Bereitstellung:** Der letzte Schritt besteht darin, das Modell auf die realen Daten zu implementieren, um zukünftige Vorhersagen zu treffen.

1.5 Herausforderungen bei Predictive Analytics

Predictive Analytics liefert zwar aussagekräftige Erkenntnisse und Prognosen, birgt jedoch auch Herausforderungen. Probleme wie Datenschutz, Datenqualität, die Genauigkeit von Modellen und die Notwendigkeit qualifizierter Analysten können Herausforderungen bei der Implementierung von Predictive Analytics darstellen.

1.6 Die Zukunft der Predictive Analytics

In Zukunft wird die prädiktive Analyse noch ausgefeilter und umfassender werden, da die Daten weiterhin exponentiell wachsen. Die Zukunft der Predictive Analytics liegt in den sich weiterentwickelnden Technologien wie KI, maschinellem Lernen und Deep Learning. Durch die Integration dieser Technologien können wir genauere Vorhersagemodelle erstellen, die lernen und sich an neue Daten anpassen können, wodurch die Genauigkeit der Vorhersagen kontinuierlich verbessert wird.

Zusammenfassend lässt sich sagen, dass Einzelpersonen und Organisationen, wenn sie sich mit Predictive Analytics auseinandersetzen und ihre Potenziale, Grenzen und Zukunftsaussichten verstehen, die Kraft der Daten für wertvolle, zukünftige Erkenntnisse nutzen können.

1.1 Was ist Predictive Analytics?

Predictive Analytics ist ein Zweig der Advanced Analytics, der Techniken aus Data Mining, Statistik, Modellierung, maschinellem Lernen und künstlicher Intelligenz (KI) nutzt, um aktuelle Daten zu analysieren und Vorhersagen über zukünftige Ereignisse zu treffen. Durch die Untersuchung historischer Daten und Echtzeitdaten liefern diese Analysen Erkenntnisse darüber, was in der Zukunft passieren könnte, und ermöglichen so eine fundierte Entscheidungsfindung.

Die Stärke von Predictive Analytics liegt in ihrer Fähigkeit, umsetzbare Erkenntnisse über die Zukunft zu generieren. Dies ermöglicht es Unternehmen und Organisationen, Risiken zu antizipieren, Chancen zu erkennen, die betriebliche Effizienz zu steigern, Produkte zu verbessern und das strategische Management zu stärken, indem sie ihre Daten nutzen, um nicht nur zu verstehen, was passiert ist, sondern auch einen Blick auf das zu werfen, was kommen könnte.

Prädiktive Analysen umfassen verschiedene statistische Techniken und Fortschritte im maschinellen Rechnen, die es ermöglichen, zukünftige Ereignisse auf der Grundlage historischer Daten vorherzusagen. Dies kann von der Vorhersage des Kundenverhaltens bis hin zur Erstellung zukünftiger Geschäftsprognosen reichen.

1.1.1 Der Prozess der Predictive Analytics

Im Kern geht es bei Predictive Analytics darum, Informationen aus Datensätzen zu extrahieren und Muster zu bestimmen, die zukünftige Ergebnisse mit einem angemessenen Maß an Sicherheit vorhersagen können. Der Prozess kann in mehrere Schlüsselschritte unterteilt werden:

- **Datenerfassung:** In diesem ersten Schritt werden die erforderlichen Daten erfasst. Von Transaktionsaufzeichnungen bis hin zu Kundenfeedback kann Predictive Analytics sowohl strukturierte als auch unstrukturierte Daten aus mehreren Quellen verarbeiten.
- **Datenbereinigung:** Dieser Schritt umfasst die Vorverarbeitung und Bereinigung der Daten. Es geht darum, mit fehlenden oder inkonsistenten Daten umzugehen und sicherzustellen, dass die verwendeten Daten von hoher Qualität sind.
- **Datenanalyse:** Der Hauptteil der prädiktiven Analyse liegt in dieser Phase, bei der die Daten mithilfe statistischer Modelle und Algorithmen analysiert und interpretiert werden.
- **Modellbildung:** Hier verwenden Datenanalysten verschiedene Vorhersagemodelle, um die Beziehungen zwischen verschiedenen Datenattributen zu lernen und zu verstehen.

- **Validierungstests** : Bevor ein Vorhersagemodell eingesetzt werden kann, muss es gründlich getestet werden, um seine Zuverlässigkeit und Wirksamkeit sicherzustellen.
- **Bereitstellung und Überwachung** : Nach der Validierung wird das Vorhersagemodell bereitgestellt und ständig überwacht, um seine Genauigkeit bei der Vorhersage zukünftiger Ergebnisse zu gewährleisten.

von Vorhersagemodellen hängen jedoch vom konkreten Anwendungsfall und der Art der verfügbaren Daten ab. Es handelt sich um einen komplexen Prozess, der hochentwickelte Softwaretools, qualifiziertes Personal und eine ordnungsgemäße Verwaltung erfordert.

1.1.2 Anwendungen von Predictive Analytics

Predictive Analytics bietet ein breites Anwendungsspektrum in zahlreichen Branchen. Hier sind einige typische Verwendungszwecke:

- **Prognosetrends** : Unternehmen können Predictive Analytics nutzen, um Markttrends vorherzusagen und Wachstumschancen zu identifizieren.
- **Vorhersagen des Kundenverhaltens** : Unternehmen können das Kundenverhalten vorhersagen, die Abwanderung vorhersehen und Marketingstrategien effektiv anpassen.
- **Bestandsverwaltung** : Prädiktive Analysen können genaue Bedarfsprognosen für eine optimale Bestandsverwaltung liefern.
- **Risikomanagement** : Finanzinstitute können Risiken besser verwalten, indem sie Möglichkeiten von Betrug oder Zahlungsausfällen vorhersagen.

- **Gesundheitswesen** : Vorhersagemodelle können verwendet werden, um Krankheitsausbrüche oder Wiederaufnahmen von Patienten vorherzusagen.

1.1.3 Vorteile von Predictive Analytics

Durch den Einsatz prädiktiver Analysen können Unternehmen im heutigen datengesteuerten Zeitalter einen Wettbewerbsvorteil erlangen. Die Vorteile sind zahlreich:

- **Verbesserte Entscheidungsfindung** : Durch die Vorhersage zukünftiger Szenarien können Unternehmen strategische, datengesteuerte Entscheidungen treffen.
- **Verbessertes Risikomanagement** : Predictive Analytics ermöglicht ein effektiveres Risikomanagement, indem potenzielle Risiken identifiziert werden, bevor sie zu großen Problemen werden.
- **Erhöhte betriebliche Effizienz** : Mit den gewonnenen Erkenntnissen können Unternehmen ihre Ressourcen optimieren, die Produktivität verbessern und Kosten senken.
- **Besserer Kundenservice** : Die Vorhersage des Kundenverhaltens kann Unternehmen dabei helfen, personalisierte Dienstleistungen anzubieten und die Kundenbeziehungen zu stärken.

1.1.4 Herausforderungen und Einschränkungen

Predictive Analytics bietet zwar unzählige Vorteile, birgt aber auch einige Herausforderungen:

- **Datenqualität** : Für genaue Ergebnisse sind qualitativ hochwertige Daten ein Muss. Daten von geringer Qualität können zu Ungenauigkeiten und unzuverlässigen Vorhersagen führen.
- **Komplexität der Modelle** : Die Erstellung von Vorhersagemodellen erfordert fortgeschrittene technische Fähigkeiten und Verständnis für komplexe Algorithmen.
- **Datenschutzbedenken** : Bei der Verwendung von Daten besteht das Risiko, dass Datenschutzbestimmungen verletzt werden.

Bei Predictive Analytics geht es nicht darum, eine Kristallkugel zu haben, die die Zukunft garantiert, sondern darum, die bestmöglichen Indikatoren dafür zu liefern, was zu erwarten ist. Daher ist es wichtig zu bedenken, dass Vorhersagen zwar sehr genau, aber nicht hundertprozentig sicher sind. Vorhersagen sollten daher als Orientierung und nicht als absolute Wahrheit dienen.

Predictive Analytics ist zweifellos ein leistungsstarkes Tool, aber wie bei jedem anderen Tool hängt seine Wirksamkeit letztendlich davon ab, wie es verwendet wird. In den richtigen Händen kann es dazu beitragen, unschätzbare Erkenntnisse zu gewinnen, strategische Entscheidungen voranzutreiben und Unternehmen in eine neue Ära des datengesteuerten Wachstums zu führen. Ohne eine solide Implementierungsstrategie und verantwortungsvolle Datenpraktiken bleibt die Leistungsfähigkeit der prädiktiven Analyse jedoch möglicherweise ungenutzt.

II. Die Essenz von Daten in der prädiktiven Analyse

Kapitel 4: Zukünftige Muster anhand von Daten aufdecken

In diesem Kapitel werden wir uns eingehend mit dem Innenleben der Predictive Analytics und der entscheidenden Rolle von Daten bei der Erstellung fundierter Vorhersagen befassen. Die Wahl der verwendeten relevanten Datensätze und die Effizienz der eingesetzten Algorithmen wirken sich direkt auf die Qualität der generierten Erkenntnisse und Vorhersagen aus.

Die Rolle von Daten in der prädiktiven Analyse

Daten sind der Rohstoff für Predictive Analytics. So wie ein Bildhauer sorgfältig den richtigen Stein auswählt, bevor er mit seiner Arbeit beginnt, muss ein Datenanalyst mit dem richtigen Datensatz beginnen, um genaue Vorhersagen zu treffen. Der entscheidende Punkt hierbei ist nicht die schiere Datenmenge, sondern die Qualität und Präzision der Daten, die zum gegebenen Problem passen.

In der prädiktiven Analyse werden Daten verschiedener Formate wie unstrukturierte, halbstrukturierte und strukturierte Daten verwendet. Sobald Daten vorverarbeitet, bereinigt und transformiert sind, bilden sie die Grundlage für die Erstellung von Vorhersagemodellen.

Wie Daten prädiktive Modellierung prägen

Die prädiktive Modellierung nutzt diese Datensätze und wendet darauf verschiedene statistische Techniken wie maschinelles Lernen und prädiktive Modellierung an, um aktuelle und historische Fakten zu analysieren und Vorhersagen über die Zukunft zu treffen.

Die beteiligten mathematischen Modelle durchsuchen umfangreiche Datensätze, um signifikante Muster und Trends zu erkennen. Die Vorhersagemodelle entwickeln sich im Laufe der Zeit weiter, da sie weiterhin neuere Daten nutzen und die Vorhersagen entsprechend den beobachteten Datenänderungen überarbeiten.

Fallszenarien: Daten in Aktion

Um die Leistungsfähigkeit von Predictive Analytics zu veranschaulichen, stellen Sie sich einen Film-Streaming-Dienst vor, der Filme basierend auf den zuvor angesehenen Artikeln der Benutzer empfiehlt. Hier würden die Datenpunkte die Filme umfassen, die jeder Benutzer angesehen hat, und vielleicht sogar, wie er jeden Film bewertet hat. Oder denken Sie an ein Kreditkartenunternehmen, das prädiktive Analysen zur Erkennung betrügerischer Transaktionen einsetzt. In diesem Fall sammelt das Unternehmen Datenpunkte zum typischen Kaufverhalten jedes Kartenbenutzers, um Anomalien zu erkennen, die auf Betrug hinweisen könnten.

Die Herausforderungen des Datenmanagements

Die fortschreitende Technologie hat uns zwar einen einfachen Zugang zu riesigen Datenmengen ermöglicht, bringt jedoch auch einige Herausforderungen mit sich. Der Umgang mit großen Datenmengen erfordert leistungsstarke Verarbeitungskapazitäten, effiziente Speicherlösungen und das Know-how, all dies zu verwalten und zu warten.

Darüber hinaus sind Datenschutz und Sicherheit in der modernen Welt zu Hauptanliegen geworden. Um sensible Daten zu schützen und gleichzeitig sicherzustellen, dass Datenschutzbestimmungen eingehalten werden, ist ein robuster Mechanismus erforderlich.

Jenseits roher Zahlen: Das menschliche Element

Es ist wichtig, sich daran zu erinnern, dass Daten zwar das Herzstück der prädiktiven Analyse sind, ein menschliches Eingreifen jedoch oft die tiefgreifendsten Erkenntnisse liefern kann. Analysten spielen eine entscheidende Rolle dabei, die Daten richtig zu interpretieren, zu verstehen, was relevante Kennzahlen ausmacht, oder einen signifikanten Trend zu erkennen.

Abschluss

Zusammenfassend lässt sich sagen, dass Daten das Lebenselixier für prädiktive Analysen sind. Angesichts des exponentiellen Datenwachstums in dieser digitalen Welt ist das Potenzial von Predictive Analytics zur Revolutionierung von Branchen und Unternehmen enorm. Um dieses Potenzial auszuschöpfen, sind jedoch sorgfältig konzipierte Modelle, eine präzise Anwendung und ein umfassendes Verständnis erforderlich.

In den folgenden Kapiteln befassen wir uns eingehender mit den einzelnen Schritten des Predictive-Analytics-Prozesses, besprechen die in den einzelnen Phasen verwendeten Techniken und Tools und untersuchen, wie wir die Ergebnisse effektiv interpretieren und anwenden können, um Entscheidungsfindung und Innovation voranzutreiben.

2.1 Die zentrale Rolle von Daten in der prädiktiven Analyse verstehen

Unbestreitbar sind Daten das Lebenselixier der Predictive Analytics. Die inhärente Kraft von Daten liegt in ihrer Fähigkeit, Einblicke in Muster und Trends zu liefern. Diese

Erkenntnisse ermöglichen folglich strategische Planung, Entscheidungsfindung und Vorhersagen über zukünftige Ergebnisse.

Der Treibstoff für Analyse-Engines

Ein Vorhersagemodell ist wie eine Maschine. Genauso wie Maschinen mit Kraftstoff betrieben werden, basieren Vorhersagemodelle auf Daten. Ohne Daten könnten diese Modelle nicht funktionieren. In dieser Hinsicht können Daten als Treibstoff betrachtet werden, der den Motor der Predictive Analytics antreibt.

Zahlreiche Arten von Daten können die prädiktive Analyse-Engine antreiben, und dies wird im Zeitalter von Big Data noch deutlicher. Strukturierte Daten wie numerische und kategoriale Daten, unstrukturierte Daten wie Text und Bilder sowie halbstrukturierte Daten wie XML und JSON besitzen alle das Potenzial, in nützliche Erkenntnisse umgewandelt zu werden.

Rohstoffe für die Prognose

Bei Predictive Analytics geht es darum, Informationen aus vorhandenen Datensätzen zu extrahieren, mit dem Ziel, zukünftige Wahrscheinlichkeiten und Trends vorherzusagen. Mit anderen Worten: Daten sind der Rohstoff, der zur Erstellung von Prognoseprodukten verwendet wird. Die Qualität der Rohstoffe (Daten) hat direkten Einfluss auf die Qualität des Endprodukts (Vorhersage). Unvollständige oder ungenaue Daten würden unweigerlich zu ungenauen Vorhersagen führen.

Entscheidende Komponente für maschinelles Lernen

Daten treiben nicht nur prädiktive Analysen voran, sondern fungieren auch als entscheidende Komponente für maschinelles Lernen (ML), eine Schlüsseltechnik für prädiktive Analysen. Modelle für maschinelles Lernen lernen aus Daten, um Vorhersagen oder Entscheidungen zu treffen, ohne explizit programmiert zu werden.

Beim überwachten Lernen werden gekennzeichnete Daten verwendet, um das ML-Modell zu trainieren, und das Modell lernt, das Ergebnis anhand der Merkmale der Eingabedaten vorherzusagen. Beim unbeaufsichtigten Lernen identifiziert das Modell jedoch Muster und Beziehungen in den Eingabedaten. Folglich haben Qualität, Vielfalt und Menge der Daten erheblichen Einfluss auf die Leistung von ML-Modellen.

Datenaufbereitung: Ein wichtiger Schritt in Richtung Qualitätsvorhersagen

Obwohl Daten eine wichtige Ressource in der prädiktiven Analyse sind, sollten sie vor der Nutzung ausreichend bereinigt und transformiert werden. Die Datenvorbereitung umfasst das Formatieren, Bereinigen und Sampling der Daten, was sich direkt auf die Qualität der prädiktiven Analyse auswirkt. Ungültige oder inkonsistente Daten können zu falschen Schlussfolgerungen führen, während verzerrte Daten zu diskriminierenden Vorhersagen führen können. Daher ist eine sorgfältige Datenvorbereitung für die Erstellung erfolgreicher prädiktiver Analysemodelle erforderlich.

Datenschutz und ethische Implikationen

Während Daten die Essenz der prädiktiven Analyse sind, ist es wichtig, den Datenschutz zu respektieren und ethische

Überlegungen bei der Datenverarbeitung und -analyse einzuhalten. Prädiktive Analysen sollten niemals die Datenschutzrechte einer Person verletzen und auch nicht unethisch eingesetzt werden. Daher sollten geeignete Data-Governance-Mechanismen eingerichtet werden, um Datenschutz, Genauigkeit, Zugänglichkeit und Integrität zu gewährleisten.

Zusammenfassend lässt sich sagen, dass Daten eine wesentliche Rolle bei der prädiktiven Analyse spielen und in verschiedenen Phasen, vom Rohmaterial für Analysen bis zum Lernmaterial für ML-Modelle, unterschiedliche Rollen übernehmen. Ihre Wirksamkeit ist jedoch nur so groß, wie die Handhabung sorgfältig ist – Datenaufbereitung und Datenschutz müssen Vorrang haben, um aussagekräftige und ethische Erkenntnisse zu gewinnen. Indem wir die Bedeutung dieser verschiedenen Facetten der Daten für die prädiktive Analyse anerkennen und nutzen, können wir ihre Kraft effektiv für zukünftige Erkenntnisse nutzen.

2.1 Der Wert von Daten in der Prognose

Im Bereich Predictive Analytics sind Daten der Lebensnerv, der diesem wissenschaftlichen Ansatz seine Vorhersagekraft verleiht. Dieser Abschnitt befasst sich eingehend mit der Rolle von Daten, den Gründen für ihre Bedeutung und wie sie in aussagekräftige prädiktive Erkenntnisse umgewandelt werden, die die Geschäftsstrategie und Entscheidungsfindung vorantreiben.

a) Die Rolle von Daten in Predictive Analytics

Jede Diskussion über Predictive Analytics wäre unvollständig, wenn nicht zunächst der Dreh- und Angelpunkt der Operation hervorgehoben würde: Daten. Bei Predictive Analytics sind Daten der Rohstoff. Jede

Vorhersage, jede Prognose hängt von der Qualität und Quantität der verfügbaren Daten ab. Daten sind der Grundbaustein für Vorhersagemodelle – Modelle, die aus historischen Daten und Echtzeitdaten lernen, Muster erkennen und fundierte Vorhersagen über zukünftige Ereignisse oder Ergebnisse treffen können.

b) Qualität und Quantität der Daten

- *Menge* : Eine erhöhte Datenmenge erhöht die Fähigkeit eines Modells, zu lernen und präzise Vorhersagen zu treffen. Die riesigen Datenmengen, die jede Minute in sozialen Medien, IoT, Mobilgeräten, Websites und Unternehmen in verschiedenen Branchen generiert werden, werden allgemein als „Big Data" bezeichnet. Die Allgegenwärtigkeit von Big Data hat die Möglichkeiten für prädiktive Analysen auf unvorstellbare Weise erweitert.
- *Qualität* : Die Genauigkeit und Wichtigkeit der Daten sind gleichermaßen wichtig. Das Garbage In, Garbage Out (GIGO)-Prinzip spiegelt dieses Gefühl wider. Wenn die Eingabedaten fehlerhaft sind, ist auch die Ausgabe fehlerhaft. In diesem Zusammenhang wird der Prozess der Datenbereinigung für die prädiktive Analyse von entscheidender Bedeutung. Dabei geht es darum, ungenaue Daten aus einer Datenbank zu identifizieren und zu korrigieren (oder zu entfernen). Das Endziel besteht darin, die Datenintegrität und den Grad der Vorhersagen zu verbessern.

c) Datenverarbeitung und -verwaltung

Predictive Analysis nutzt sowohl strukturierte als auch unstrukturierte Daten. Strukturierte Daten umfassen alles, was übersichtlich in Tabellen, Grafiken oder Diagrammen platziert werden kann, während unstrukturierte Daten

Videos, Bilder, Textdaten, E-Mails usw. umfassen. Bei der Datenverwaltung geht es darum, diese verschiedenen Datenformen sicher und effizient zu speichern und sicherzustellen, dass sie für alle zugänglich sind wird bearbeitet. Der Prozess umfasst mehrere entscheidende Phasen wie Datenerfassung, Datenvorverarbeitung, Datenintegration, Datentransformation und Datenreduzierung.

d) Ableitung prädiktiver Erkenntnisse aus Daten

Rohdaten allein verleihen keine Vorhersagekraft; Es muss kontrolliert, transformiert und verarbeitet werden, um die darin verborgenen Muster hervorzurufen. Die Schritte laufen normalerweise wie folgt ab:

- *Datenerfassung* : Dies ist die Anfangsphase, in der relevante Daten aus verschiedenen Quellen gesammelt werden.
- *Datenvorverarbeitung* : In dieser Phase werden die Daten bereinigt und formatiert. Dies kann den Umgang mit fehlenden oder inkonsistenten Daten, Rauschunterdrückung und Datennormalisierung umfassen.
- *Modellerstellung* : Dies geschieht, sobald die Daten sauber und einsatzbereit sind. In dieser Phase werden relevante Algorithmen angewendet, die das Vorhersagemodell bilden.
- *Bewertung und Validierung* : Das Modell wird dann getestet, validiert und seine Leistung bewertet. Dadurch können eventuell erforderliche Verbesserungen aufgedeckt werden.
- *Bereitstellung und Überwachung* : Das endgültige Vorhersagemodell wird in einer realen Umgebung für tatsächliche Vorhersagen implementiert und kontinuierlich auf Leistung überwacht.

Predictive Analytics erfordert große Sorgfalt bei der Verwaltung, Verarbeitung und Analyse von Daten. Die Qualität und Quantität der Daten spielen eine entscheidende Rolle bei der Bestimmung der Genauigkeit des erstellten Modells und bieten dadurch zuverlässigere zukünftige Erkenntnisse für eine bessere Entscheidungsfindung. Spezifische Tools, Technologien und Strategien werden verwendet, um den Wert der Daten in der prädiktiven Analyse zu steigern, was sie zu einer maßgeblichen Kraft in diesem Bereich macht.

2.1 Die Rolle von Daten in der prädiktiven Analyse verstehen

Um das Wesen der prädiktiven Analyse zu verstehen, ist es von größter Bedeutung, die entscheidende Rolle zu untersuchen, die Daten in ihren gesamten Abläufen spielen. Die prädiktive Analyse basiert im Kern stark auf Daten. Dies liegt daran, dass es darum geht, Daten aus vergangenen Ereignissen zu nutzen, diese Daten zu verarbeiten und zu analysieren, um Muster zu bilden, die zukünftige Ergebnisse oder Trends vorhersagen können. In diesem Zusammenhang kann die Bedeutung von Daten für die prädiktive Analyse vollständig verstanden und gewürdigt werden.

2.1.1 Der Rohstoff: Daten

Daten dienen als Rohmaterial im prädiktiven Analyseprozess. So wie ein Goldschmied Gold benötigt, um ein schönes Schmuckstück herzustellen, benötigt ein prädiktiver Analyst Daten, um aufschlussreiche Prognosen zu erstellen. Der Prozess der prädiktiven Analyse beginnt also mit der Erfassung, Sammlung oder Sammlung von Daten. Daten können aus einer Reihe unterschiedlicher Quellen stammen – von Transaktionsaufzeichnungen in einem Unternehmen über Umfrageergebnisse bis hin zu Social-Media-Beiträgen. Wichtig dabei ist, dass ohne Daten keine prädiktive Analyse möglich ist.

2.1.2 Datenqualität und -eignung

Nicht alle Daten sind gleich und daher sind nicht alle Daten gleichermaßen für eine prädiktive Analyse geeignet. Der Erfolg eines Vorhersagemodells hängt weitgehend von der Qualität der eingespeisten Daten ab. Für prädiktive Analysten ist es wichtig, genaue, konsistente und zuverlässige Daten zu verwenden. Daten von schlechter Qualität können zu ungenauen Vorhersagen, irreführenden Ergebnissen oder sogar völlig falschen Schlussfolgerungen führen.

2.1.3 Datenvorbereitung und Vorverarbeitung

Daten liegen selten in einem gebrauchsfertigen Format vor. Es muss oft bereinigt, formatiert oder vorverarbeitet werden, bevor es für prädiktive Analysen verwendet werden kann. Diese Phase umfasst mehrere Aufgaben wie den Umgang mit fehlenden Werten, das Entfernen von Ausreißern, die Datentransformation und die Feature-Skalierung. Ziel ist es, sicherzustellen, dass die Daten die richtige Qualität, das richtige Format und die richtige Struktur haben, um effektiv im Vorhersagemodell verwendet zu werden.

2.1.4 Datenanalyse

Sobald die Daten gesammelt und aufbereitet sind, beginnt die Analysephase. Dabei werden Algorithmen und Analysewerkzeuge eingesetzt, um Daten zu untersuchen, zu interpretieren und zu analysieren. Statistiker können beispielsweise eine Regressionsanalyse durchführen, um Beziehungen zwischen Variablen zu identifizieren. Mithilfe von Modellen des maschinellen Lernens können Muster in Daten erkannt werden. Das Ziel besteht darin, aus Daten umsetzbare Erkenntnisse abzuleiten, die zur Vorhersage zukünftiger Ergebnisse verwendet werden können.

2.1.5 Das Endprodukt: Erkenntnisse und Vorhersagen

Der ultimative Wert von Daten in der prädiktiven Analyse liegt in den Erkenntnissen und Vorhersagen, die daraus abgeleitet werden können. Diese Erkenntnisse könnten Unternehmen dabei helfen, fundierte strategische Entscheidungen zu treffen, ihre Abläufe zu optimieren oder sogar neue Wachstumschancen zu eröffnen. Die aus Daten gewonnenen Vorhersagen können Einblicke in die Zukunft geben und Unternehmen die Chance bieten, immer einen Schritt voraus zu sein, Kundenbedürfnisse zu antizipieren oder potenzielle Risiken zu mindern.

2.1.6 Kontinuierliches Lernen und Verbesserung

Daten in der prädiktiven Analyse sind keine einmalige Ressource. Auch nach der ersten Analyse sollten die Daten zum weiteren Lernen und zur Verbesserung aufbewahrt werden. Dies liegt daran, dass die reale Umgebung dynamisch ist und einem ständigen Wandel unterliegt. Durch die kontinuierliche Überwachung und Verfolgung der Leistung sowie die Aktualisierung von Modellen auf der Grundlage neuer Daten kann die prädiktive Analyse Unternehmen dabei helfen, kontinuierlich zu lernen, sich anzupassen und sich zu verbessern.

Kurz gesagt: Die entscheidende Rolle von Daten in der prädiktiven Analyse steht außer Frage. Es ist im Wesentlichen das Lebenselixier, das die Vorhersagen antreibt. Ein klares Verständnis seiner Rolle kann einen großen Beitrag zur Erstellung effektiver Vorhersagemodelle leisten. Es ist in der Tat das allmächtige Werkzeug in der Hand eines Analysten, das bei richtiger Nutzung geschäftliche Unsicherheiten in Chancen verwandeln kann.

Unterabschnitt: Vorhersagekraft von Big Data

Im Bereich Predictive Analytics bilden Daten die Grundlage. Das Volumen, die Geschwindigkeit, die Vielfalt und die Richtigkeit der Daten, die zusammen als die 4Vs von Big Data bezeichnet werden, haben großen Einfluss auf die Ergebnisse jeder prädiktiven Analyse.

Definition von Big Data

„Big Data" ist eine Terminologie zur Beschreibung von Daten, die so umfangreich und komplex sind, dass herkömmliche Datenverarbeitungstools Schwierigkeiten bei der Verwaltung haben. Die Essenz von Big Data spiegelt sich in ihrem Vorhersagepotenzial wider. Je mehr Daten Sie besitzen, desto eindeutiger können Sie Muster, Trends und Zusammenhänge beobachten, insbesondere in Bezug auf menschliches Verhalten.

Big Data und seine Vorhersagemöglichkeiten

Die Erfassung großer Datenmengen, oft in Echtzeit, verschafft Unternehmen einen Vorsprung im Hinblick auf prädiktive Analysen.

- **Umfang** : Der Umfang der heute verfügbaren Daten ist unvorstellbar. Social-Media-Feeds, Internetsensoren, Maschinenprotokolle, digitale Bilder und Videos, Aufzeichnungen von Kauftransaktionen, GPS-Signale von Mobiltelefonen und vieles mehr erzeugen jede Sekunde unvorstellbare Datenmengen. Diese umfangreichen Daten unterstützen komplexe Vorhersagemodelle, indem sie breitere Variablen und klarere Muster bereitstellen.
- **Geschwindigkeit** : Die Geschwindigkeit, mit der wir Daten empfangen, ist ebenso entscheidend. Schnellere Daten bedeuten schnellere Vorhersagen, was besonders wichtig für Branchen ist, die in Echtzeit oder nahezu in Echtzeit reagieren müssen, wie z. B. Finanzen, Gesundheitswesen und E-Commerce.
- **Vielfalt** : Die Vielfalt oder Bandbreite der Daten, von strukturierten über halbstrukturierte bis hin zu unstrukturierten Daten, fördert die Fülle und Tiefe der Informationen für prädiktive Analysen. Je breiter das Sortiment, desto besser sind die Erkenntnisse.
- **Wahrhaftigkeit** : Dies bedeutet die Unsicherheit der verfügbaren Daten. Angesichts der Tatsache, dass Daten oft chaotisch sein können – unsauber, unstrukturiert und mit Anomalien – ist die Fähigkeit, glaubwürdige, genaue Daten vom Rauschen zu unterscheiden, wichtig.

Implementierung von Big Data für prädiktive Analysen

Der umfangreiche Umfang von Big Data ebnet den Weg für komplexere prädiktive Analysen und befreit Praktiker von herkömmlichen Einschränkungen. Durch die Einbeziehung umfangreicher, vielfältiger Daten wird das Vorhersagemodell verbessert und eine präzisere Entscheidungsfindung ermöglicht. Die Integration von Big Data in Predictive Analytics umfasst Folgendes:

- **Data Mining** : Die Extraktion relevanter Datenpunkte aus umfangreichen Datensätzen ist unerlässlich. Das Erkennen von Mustern ermöglicht die Vorhersage zukünftiger Trends.
- **Prädiktive Modellierung** : Der Einsatz statistischer Techniken und Algorithmen zur Vorhersage zukünftiger Ergebnisse ist der Kern der prädiktiven Analyse. Je größer und vielfältiger der Datensatz ist, desto genauer sind die Prognosen des Modells.
- **Maschinelles Lernen** : Als Teilmenge der künstlichen Intelligenz nutzt maschinelles Lernen Big Data, um genaue Vorhersagen zu treffen. Wenn diese ML-Modelle mit mehr Daten konfrontiert werden, lernen sie kontinuierlich und passen sich an, wodurch ihre Genauigkeit im Laufe der Zeit zunimmt.

Auf Big Data basierende prädiktive Analysen bieten viele erfinderische Möglichkeiten für Branchenpraktiken. Mit der richtigen Anwendung von Technologie können Unternehmen den Datenfluss in einen strategischen Vorteil verwandeln – den nächsten Kauf des Kunden vorhersagen, Maschinenausfälle antizipieren, betrügerische Transaktionen erkennen, Diagnosen im Gesundheitswesen verbessern – und so die Art und Weise verändern, wie Branchen denken, arbeiten und wachsen.

In diesem Zeitalter der Datenfülle wird Predictive Analytics schnell zu einem Game-Changer. Big Data, intelligent genutzt, eröffnet ungenutztes Potenzial und ermöglicht es

Unternehmen, vorauszusehen, was vor ihnen liegt, und proaktiv zu handeln, um die Chancen von morgen zu nutzen.

III. Methoden und Modelle in Predictive Analytics

Unterabschnitt: Erkundung der Regressionsanalyse in Predictive Analytics

Die Regressionsanalyse ist eine der leistungsstarken statistischen Methoden der Predictive Analytics, mit der die Beziehung zwischen einer abhängigen Variablen und einer oder mehreren unabhängigen Variablen identifiziert und analysiert wird. Es handelt sich um eine der vielen Vorhersagemodellierungstechniken und wird für Prognosen, Zeitreihenmodellierung und die Bestimmung der Kausal-Wirkungs-Beziehung zwischen Variablen verwendet.

A. Regressionsanalyse verstehen

Der Begriff „Regression" bezieht sich auf eine Regression von y auf x. Das heißt, es bedeutet, das ungefähre y in „y = f(x)" vorherzusagen, wenn nur die Stichprobe von x gegeben ist. Die Regressionsanalyse hilft zu verstehen, wie sich der typische Wert der abhängigen Variablen oder Kriteriumsvariablen ändert, wenn eine der unabhängigen Variablen variiert wird, während die anderen unabhängigen Variablen unverändert bleiben.

B. Arten der Regressionsanalyse

Es gibt verschiedene Arten der Regressionsanalyse; Einige davon werden jedoch nach wie vor häufiger in der prädiktiven Analyse eingesetzt.

1. **Lineare Regression** : Es handelt sich um einen statistischen Ansatz zur Modellierung der Beziehung zwischen zwei Variablen (abhängig und unabhängig) durch Anpassen einer linearen Gleichung an beobachtete Daten. Es kann weiter in zwei Typen unterteilt werden; einfache lineare Regression und multiple lineare Regression.

2. **Logistische Regression** : Im Gegensatz zur linearen Regression, die kontinuierliche Werte vorhersagt, wird die logistische Regression verwendet, um die Wahrscheinlichkeit des Eintretens eines bestimmten Ereignisses wie bestanden/nicht bestanden, Sieg/Niederlage, lebendig/tot oder gesund/krank zu modellieren.

3. **Polynomielle Regression** : Wenn die Potenz der unabhängigen Variablen mehr als 1 beträgt, wird die Gleichung zu einem Polynom und wird daher als polynomische Regression bezeichnet. Es passt eine nichtlineare Beziehung zwischen dem Wert von x und dem entsprechenden bedingten Mittelwert von y an.

4. **Ridge-Regression** : Die Ridge-Regression dient als Lösung für das Multikollinearitätsproblem, indem den Regressionsschätzungen ein gewisser Grad an Verzerrung zugewiesen wird.

5. **Lasso-Regression** : Die Lasso-Regression (geringster absoluter Schrumpfungs- und Auswahloperator) ähnelt der Ridge-Regression, hat jedoch die Fähigkeit, die Variabilität zu verringern und die Genauigkeit linearer Regressionsmodelle zu verbessern.

C. Annahmen in der Regressionsanalyse

Bei der Regressionsanalyse werden mehrere Annahmen getroffen:

- *Linearität* : Die Beziehung zwischen Prädiktoren und dem Ziel ist linear.
- *Unabhängige Fehler* : Die Residuen/Fehler des Modells sollten unabhängig voneinander sein.
- *Normalität* : Für jeden festen Wert von X ist Y normalverteilt.
- *Gleiche Varianzen* : Für jeden festen Wert von X ist die Varianz von Y konstant.

D. Rolle der Regressionsanalyse in Predictive Analytics

In der prädiktiven Analyse wird die Regressionsanalyse verwendet, um Ergebnisse vorherzusagen und mögliche Beziehungen zwischen Variablen zu bewerten. Es hilft beim Verständnis der Zukunftsszenarien in verschiedenen Bereichen wie Marktforschung, Produktrentabilität, Immobilien, Wettervorhersage, Gesundheitswesen, Börse usw.

Angesichts des zunehmenden Zugangs und der zunehmenden Verfügbarkeit von Daten erweist sich die Rolle der Regressionsanalyse in der prädiktiven Analyse als von größter Bedeutung. Es bietet eine einfache, aber leistungsstarke Möglichkeit, Daten zu erfassen und daraus kalkulierte, zukunftsorientierte Entscheidungen zu treffen.

Obwohl es auf einem einfachen Konzept einer linearen Beziehung basiert, hat es aufgrund seiner Einfachheit im Bereich des Geschäftsverständnisses große Bedeutung erlangt. Es kann dabei helfen, einen Kurs für die Zukunft festzulegen oder den Weg für Veränderungen zu ebnen, die heute notwendig sind, um die Zukunft positiv zu beeinflussen.

Zusammenfassend lässt sich sagen, dass die Regressionsanalyse ein entscheidendes Werkzeug in der prädiktiven Analyse ist. Möglicherweise liefert es nicht immer einwandfreie Vorhersagen – da reale Daten chaotisch und unvorhersehbar sind –, aber bei richtiger Umsetzung kann es unglaublich wertvolle Erkenntnisse liefern, die zu besseren Geschäftsentscheidungen führen. Daher sind das Verständnis seiner Feinheiten und Nuancen sowie das Wissen, wann und wie man es verwendet, unverzichtbare Fähigkeiten für heutige Datenanalysten und Wissenschaftler.

Unterabschnitt: Regressionsmodelle und Prognosen

Eine der wichtigsten Methoden und Modelle, die in der prädiktiven Analyse verwendet werden, sind die **Regressionsmodelle und Prognosetechniken.** Diese Methoden werden aufgrund ihrer Flexibilität, einfachen Verständlichkeit und Robustheit geschätzt, was bedeutet, dass sie viele Formen annehmen können und sich sehr gut an eine Vielzahl von Anwendungen anpassen lassen.

Regressionsanalyse verstehen

Die Regressionsanalyse ist eine leistungsstarke statistische Technik, die es Analysten ermöglicht, die Beziehung zwischen zwei oder mehr Variablen zu untersuchen. Es verkörpert die Einfachheit der Korrelation und führt zur Vorhersage einer Variablen aus einer oder mehreren anderen. Die abhängige Variable wird oft mit Y bezeichnet, während die unabhängigen Variablen durch das Symbol X dargestellt werden.

Die bedeutenden Anwendungen von Regressionsmodellen in der prädiktiven Analytik reichen von der Prognose zukünftiger Umsätze in der Wirtschaft, der Vorhersage des Krankheitsverlaufs in der Medizin, der Schätzung von Ernteerträgen in der Landwirtschaft, der Vorhersage der Auswirkungen des Klimawandels auf Ökosysteme und vielem mehr.

Arten der Regression

In der prädiktiven Analyse können verschiedene Arten von Regressionsmodellen verwendet werden. Jedes verfügt über einzigartige Eigenschaften, die es für bestimmte Situationen geeignet machen. Hier sind einige Typen:

1. **Einfache lineare Regression** : Eine unabhängige Variable wird verwendet, um das Ergebnis der abhängigen Variablen vorherzusagen. Zum Beispiel der Zusammenhang zwischen Alter und Blutdruck.
2. **Multiple lineare Regression** : Wird verwendet, wenn zwei oder mehr unabhängige Variablen vorhanden sind. Wenn sie beispielsweise im Marketing eingesetzt wird, kann die multiple lineare Regression die Auswirkungen von Änderungen der Warenpreise, der Marketingausgaben und die Auswirkungen von Social-Media-Werbung auf den Umsatz messen.
3. **Polynomregression** : Dieser Typ extrapoliert die Beziehung zwischen der unabhängigen Variablen und der abhängigen Variablen als Polynom n-ten Grades.
4. **Ridge-Regression** : Wird zur Analyse multipler Regressionsdaten verwendet, die unter Multikollinearität leiden, die auftritt, wenn unabhängige Variablen stark korreliert sind.

5. **Logistische Regression** : Dieser Typ wird verwendet, wenn die abhängige Variable binär ist. Zum Beispiel, ob ein Patient eine Krankheit hat (ja/nein) oder ob es sich bei einer E-Mail um Spam handelt (ja/nein).

Prognosemethoden verstehen

Prognosemethoden stellen ein weiteres wichtiges Werkzeug der Predictive Analytics dar. Im Gegensatz zur Regression, bei der ein Variablenwert auf der Grundlage der tatsächlichen Werte anderer Variablen vorhergesagt wird, werden bei der **Prognose zukünftige Werte derselben Variablen vorhergesagt** . Genauer gesagt basiert die Prognose auf der Überzeugung, dass die Muster in den Daten, die wir jetzt beobachten, auch in der Zukunft anhalten werden.

Es gibt mehrere Klassen von Prognosemethoden:

1. **Qualitative Techniken** : Werden oft verwendet, wenn keine konkreten Daten verfügbar sind und man sich auf Expertenmeinungen und andere weniger objektive Informationen verlässt.
2. **Zeitreihenprognose** : Hier werden historische Daten analysiert, um die Daten in die Zukunft zu extrapolieren. Dazu gehören Methoden wie gleitende Durchschnitte, exponentielle Glättung und autoregressive Modelle.
3. **Kausalmodelle** : Diese Modelle gehen davon aus, dass die vorherzusagende Variable von einer oder mehreren anderen Variablen beeinflusst wird. Das Modell prognostiziert die interessierende Variable, vorausgesetzt, der zukünftige Wert der Prädiktorvariablen ist bekannt.

4. **Prognosemethoden mit künstlicher Intelligenz (KI)**
: In jüngerer Zeit werden maschinelles Lernen und
Deep-Learning-Techniken auf Prognosen
angewendet. Abhängig vom jeweiligen Algorithmus
können diese als eine Form der
Kausalmodellvorhersage oder der
Zeitreihenvorhersage angesehen werden.

Zusammenfassend lässt sich sagen, dass die große Vielfalt
an Regressionsmodellen und Prognosetechniken Analysten
ein vielseitiges Toolkit zur Bewältigung der unterschiedlichen
Herausforderungen bietet, die mit der Vorhersage der
Zukunft einhergehen. Die Beherrschung dieser Techniken
und das Verständnis, wann welche Technik anzuwenden ist,
ist eine Schlüsselkompetenz in der prädiktiven Analyse.

1. Regressionsanalyse in Predictive Analytics

Die Regressionsanalyse kann einfach als eine
leistungsstarke statistische Analysetechnik definiert werden,
mit der die Änderung einer Variablen (abhängigen Variablen)
aufgrund von Änderungen anderer Variablen (unabhängige
Variablen) erklärt oder vorhergesagt wird. Die prägnante
Natur dieser Technik, gepaart mit ihrer hohen Genauigkeit,
hat sie zu einer beliebten Wahl für prädiktive Analysen in
verschiedenen Bereichen wie Finanzen, Gesundheitswesen,
Einzelhandel und mehr gemacht.

1.1 Die Grundlagen verstehen

Der einfachste Weg, die Regressionsanalyse zu verstehen,
ist die Betrachtung eines einfachen Beispiels. Angenommen,
ein Einzelhändler möchte anhand des Preises ermitteln, um
wie viel der Umsatz eines bestimmten Produkts sinkt oder
steigt. Dabei kann der Preis als unabhängige Variable
betrachtet werden, während der Umsatz die abhängige

Variable ist. Bei einer Regressionsanalyse werden vorhandene Datenpunkte verwendet, um ein Modell zu erstellen, das genau vorhersagt, wie sich eine Preisänderung auf den Umsatz auswirken könnte.

1.2 Lineare und logistische Regression

Es gibt verschiedene Arten von Regressionsmodellen, aber die beiden am häufigsten verwendeten sind lineare und logistische Regressionen.

Lineare Regression : Diese Art der Regressionsanalyse hilft bei der Vorhersage einer kontinuierlichen abhängigen Variablen basierend auf einer oder mehreren unabhängigen Variablen. Denken Sie darüber nach, einen Hauspreis (abhängige Variable) auf der Grundlage von Variablen wie Standort, Größe und Alter des Hauses (unabhängige Variablen) vorherzusagen.

Logistische Regression : Dies wird verwendet, wenn die abhängige Variable kategorisch ist, was bedeutet, dass sie einen von begrenzten möglichen Werten annehmen kann. Zum Beispiel, ob ein Kunde abwandert oder nicht (Ja/Nein) oder vorherzusagen, ob es sich bei einer E-Mail um Spam handelt oder nicht (Spam/Kein Spam).

1.3 Wie passt die Regressionsanalyse in Predictive Analytics?

Predictive Analytics nutzt historische Daten, um zukünftige Ergebnisse vorherzusagen. Der Kern dieses Ansatzes besteht darin, Muster oder Beziehungen zwischen Variablen aus vergangenen Daten zu identifizieren, um vorherzusagen, wie sie sich in der Zukunft verhalten oder korrelieren könnten. Und genau hier kommt die Regressionsanalyse ins Spiel.

Die Regressionsanalyse ist von Natur aus dazu geeignet, Beziehungen zwischen Variablen zu identifizieren, ihre Stärke zu quantifizieren und diese Korrelationen zu nutzen, um zuverlässige Vorhersagemodelle zu erstellen. Dies macht es zu einem wichtigen Werkzeug der prädiktiven Analyse.

1.4 Vorteile und Nachteile

Vorteile :

- Es ist relativ einfach zu verstehen und zu erklären.
- Die Regressionsanalyse kann mehrere Eingabemerkmale gleichzeitig verarbeiten.
- Es liefert ein quantifiziertes Maß für die Stärke der Beziehung zwischen Variablen.

Nachteile :

- Die lineare Regression geht von einer linearen Beziehung zwischen Variablen aus, die möglicherweise nicht immer zutrifft.
- Es reagiert empfindlich auf Ausreißer und kann zu ungenauen Vorhersagen führen, wenn der Datensatz zu viele davon enthält.

1.5 Fazit

Trotz ihrer Einschränkungen bleibt die Regressionsanalyse ein wesentliches Werkzeug in der Predictive-Analytics-Toolbox. Es handelt sich um eine relativ einfache, aber leistungsstarke Technik zur Analyse vergangener Daten und zur Aufdeckung von Mustern, die für genaue Vorhersagen in verschiedenen Bereichen wie Wirtschaft, Gesundheitswesen und mehr hilfreich sein können.

Bedenken Sie jedoch, dass die Regressionsanalyse zwar Beziehungen und Muster aufdecken kann, jedoch keine Ursache-Wirkungs-Beziehung zwischen Variablen herstellt. Daher ist bei der Interpretation und Umsetzung der Ergebnisse einer Regressionsanalyse ein hohes Maß an Vorsicht geboten.

Im nächsten Unterabschnitt werden wir eine weitere wichtige Methode in der prädiktiven Analyse besprechen – Entscheidungsbäume. Bleiben Sie dran!

3.1 Regressionsanalyse: Ein Grundpfeiler der Predictive Analytics

Die Regressionsanalyse ist ein wichtiges Werkzeug im Rahmen der Predictive Analytics und dient als Grundlage für das Verständnis und die Quantifizierung der Beziehungen zwischen verschiedenen Variablen. Im Kern geht es darum, eine abhängige Variable basierend auf dem Wert bzw. den Werten mindestens einer unabhängigen Variablen vorherzusagen.

Überblick

In der einfachsten Form könnte die Regressionsanalyse ein lineares Regressionsmodell sein, das versucht, eine gerade Linie zu zeichnen, die am besten zu den verfügbaren Datenpunkten passt. Diese Linie stellt eine mathematische Gleichung dar, bei der die abhängige Variable (z. B. der Umsatz) auf der Grundlage der unabhängigen Variablen (z. B. Werbeausgaben) geschätzt werden kann.

Dieses Tool wird in erster Linie verwendet, um zu verstehen, welche unabhängigen Variablen mit der abhängigen Variablen in Beziehung stehen, und um die Formen dieser

Beziehungen zu untersuchen. In komplexeren Situationen hilft es bei der Vorhersage der Zukunft auf der Grundlage von in Daten gebildeten Mustern.

Arten der Regressionsanalyse

Es gibt viele Arten der Regressionsanalyse, von denen jede einem anderen Zweck dient und eine Vielzahl von Datenrahmen berücksichtigt. Hier sind die Haupttypen:

- **Lineare Regression:** Als einfachste Art geht sie von einer linearen Beziehung zwischen den abhängigen und unabhängigen Variablen aus. Es berechnet die beste Anpassungsgerade mithilfe der Methode der kleinsten Quadrate.
- **Multiple Regression:** Wenn Sie mehr als eine unabhängige Variable haben, können Sie das multiple Regressionsmodell verwenden, um die abhängige Variable vorherzusagen.
- **Logistische Regression:** Wird insbesondere verwendet, wenn die abhängige Variable binär oder kategorisch ist, z. B. „Ja" oder „Nein".
- **Polynomielle Regression:** Wird verwendet, wenn die Potenz einer unabhängigen Variablen mehr als 1 beträgt. Sie liefert eine gekrümmte Linie, die auf die Datenpunkte übertragen wird.

Regressionsanalyse und Predictive Analytics

Im Bereich Predictive Analytics ist die Regressionsanalyse von unschätzbarem Wert. Es ermöglicht nicht nur die Vorhersage wichtiger Variablen, sondern bietet auch die Möglichkeit, datengesteuert umsetzbare Erkenntnisse zu gewinnen.

Ein E-Commerce-Unternehmen kann beispielsweise eine Regressionsanalyse verwenden, um zukünftige Verkäufe auf der Grundlage von Datenpunkten wie historischen Verkäufen, Website-Verkehr und Wirksamkeit von Marketingkampagnen vorherzusagen. Ebenso könnte ein Gesundheitsinstitut damit die Wiederaufnahmeraten von Patienten auf der Grundlage früherer Aufnahmemuster, Patientendemografien und Behandlungsprotokolle messen.

Regressionsmodelle können auch verwendet werden, um wichtige Betriebskennzahlen, Geschäftstrends und Finanzprognosen vorherzusagen und eine effiziente Ressourcenallokation zu planen. Darüber hinaus werden maschinelle Lernsysteme um verbesserte Vorhersagefähigkeiten erweitert.

Einschränkungen und Vorsichtsmaßnahmen

Doch so leistungsfähig die Regressionsanalyse auch ist, es gibt einige Vorsichtshinweise. Die Genauigkeit der Ergebnisse hängt von der Qualität der verwendeten Daten ab – wenn die Daten Verzerrungen oder Schiefe aufweisen, kann dies zu falschen Vorhersagen führen. Zur korrekten Anwendung der Regressionsanalyse gehören auch Prüfungen auf Angemessenheit, Signifikanz und Anpassungsgüte.

Darüber hinaus ist es wichtig zu beachten, dass die Regressionsanalyse direkt dem Sprichwort „Korrelation bedeutet keine Kausalität" folgt. Obwohl damit Korrelationen und Beziehungen identifiziert werden können, liefert es keinen Beweis für einen kausalen Zusammenhang zwischen den unabhängigen und abhängigen Variablen.

Abschluss

Trotz dieser Vorbehalte ist die Regressionsanalyse ein integraler Bestandteil der prädiktiven Analyse. Bei sorgfältiger Anwendung kann es wertvolle Einblicke in die komplexen Wechselwirkungen von Variablen liefern und es Unternehmen ermöglichen, zukünftige Ergebnisse vorherzusagen und fundiertere Entscheidungen zu treffen.

3.1 Regressionsanalyse: Vorhersage kontinuierlicher Ergebnisse

Eine der am häufigsten verwendeten statistischen Techniken in der prädiktiven Analyse ist die Regressionsanalyse. Regressionsmodelle werden verwendet, um eine kontinuierliche oder kategoriale abhängige Variable basierend auf einer oder mehreren unabhängigen Variablen vorherzusagen. Die Rechenleistung von Regressionsmodellen beruht auf der Ermittlung der Beziehung zwischen Prädiktoren (unabhängigen Variablen) und dem Ergebnis (abhängigen Variablen), um Vorhersagen auf der Grundlage unsichtbarer Daten zu treffen.

Lineare Regression

Die lineare Regression ist eine gängige Art der Regressionsanalyse, die die Beziehung zwischen einer kontinuierlichen abhängigen Variablen und einer (einfache lineare Regression) oder mehreren unabhängigen Variablen (multivariable lineare Regression) quantifiziert. Der Begriff „linear" bezieht sich auf die Beziehung zwischen den unabhängigen und abhängigen Variablen, die durch eine gerade Linie in einem Streudiagramm dargestellt wird. Das Ziel besteht darin, die Koeffizienten der mathematischen Gleichung zu schätzen, um die Differenz zwischen den tatsächlichen und den vorhergesagten Werten zu minimieren.

Logistische Regression

Die logistische Regression, eine Art binomiale Regression, ist eine weitere beliebte Methode für prädiktive Analysen. Die Ausgabe ist eine Wahrscheinlichkeit, dass der gegebene Eingabepunkt zu einer bestimmten Klasse gehört. Mit anderen Worten: Es misst die Beziehung zwischen einer kategorialen abhängigen Variablen und einer oder mehreren unabhängigen Variablen durch Schätzung von Wahrscheinlichkeiten mithilfe einer logistischen Funktion. Ein großer Vorteil der logistischen Regression besteht darin, dass sie Wahrscheinlichkeiten liefert und an die Klassifizierung mehrerer Klassen angepasst werden kann.

Polynomielle Regression

Die polynomielle Regression ist eine Form der Regressionsanalyse, bei der die Beziehung zwischen der unabhängigen Variablen und der abhängigen Variablen als Polynom n-ten Grades modelliert wird. Dadurch können Beziehungen zwischen Variablen modelliert werden, die nicht linear sind und sich mit den Daten ändern können.

Ein gutes prädiktives Analysemodell muss nicht nur gut zu den historischen Daten passen, sondern sollte auch zukünftige Ereignisse genau vorhersagen. Eine angemessene Regressionsanalyse sollte nicht nur mit der Erstellung des Modells enden, sondern auch mit dem Testen und Validieren, um eine robuste und zuverlässige Vorhersage zu gewährleisten.

3.2 Zeitreihenmodelle: Die Zukunft projizieren

Bei der Zeitreihenanalyse werden Modelle entwickelt, die zukünftige Werte auf der Grundlage zuvor beobachteter Werte vorhersagen. Die Methoden werden vor allem in der Finanz- und Wirtschaftsprognose, aber auch in den Ingenieurwissenschaften, der Geophysik und den Neurowissenschaften eingesetzt. Zu den beliebten Methoden zur Zeitreihenanalyse gehören der AutoRegressive Integrated Moving Average (ARIMA) und die exponentielle Glättung.

ARIMA

ARIMA, kurz für „AutoRegressive Integrated Moving Average", ist eigentlich eine Klasse von Modellen, die eine bestimmte Zeitreihe auf der Grundlage ihrer eigenen Vergangenheitswerte „erklärt", d. h. ihrer eigenen Verzögerungen, der verzögerten Prognosefehler und des Zeittrends Serie. Es ist eine Erweiterung des einfacheren AutoRegressive Moving Average und fügt den Begriff der Integration hinzu.

Exponentielle Glättung

Exponentielle Glättungsmethoden sind Zeitreihenvorhersagemethoden für univariate Daten, die eine exponentiell abnehmende Gewichtung für vergangene Beobachtungen verwenden. Bei dieser Methode wird der gleitende Durchschnitt berechnet, wobei die Gewichte exponentiell abnehmen. Dadurch erhalten neuere Beobachtungen mehr Bedeutung, ohne dass ältere Beobachtungen vollständig verworfen werden.

3.3 Maschinelles Lernen: Wo Predictive Analytics auf KI trifft

Maschinelles Lernen ist das Rückgrat der Predictive Analytics und hilft dabei, Muster in riesigen Datensätzen zu verstehen und zukünftiges Datenverhalten vorherzusagen. Im Kontext der Predictive Analytics werden Algorithmen des maschinellen Lernens in überwachtes und unüberwachtes Lernen kategorisiert.

Überwachtes Lernen

Beim überwachten Lernen lernt ein Algorithmus aus gekennzeichneten Trainingsdaten und trifft auf der Grundlage dieser Daten Vorhersagen. Eine typische Aufgabe des überwachten Lernens ist die Klassifizierung, bei der der Algorithmus Daten in einen vordefinierten Satz von Klassen kategorisiert. Eine weitere Aufgabe ist die Regression, die darauf abzielt, ein numerisches Ergebnis vorherzusagen.

Unbeaufsichtigtes Lernen

Beim unüberwachten Lernen hingegen wird ein Algorithmus ohne vorherige Informationen über die Daten trainiert. Dieser Algorithmus kategorisiert die Daten in Cluster. Die gebräuchlichste Methode des unbeaufsichtigten Lernens ist die Clusteranalyse, die für die explorative Datenanalyse verwendet wird, um versteckte Muster oder Gruppierungen in Daten zu finden.

Von k-Nearest Neighbors bis hin zu Support Vector Machines und von Entscheidungsbäumen bis hin zu neuronalen Netzen hat jeder maschinelle Lernalgorithmus seine Stärken und Schwächen und hängt weitgehend von der Art der Daten und dem zu lösenden Geschäftsproblem ab.

Predictive Analytics ist ein weites Feld mit vielfältigen Methoden und Modellen. Diese Tools und Konzepte sind lediglich Instrumente zum Erreichen des Endziels: die Nutzung vergangener Muster in ein aufschlussreiches Verständnis, um bessere Entscheidungen für die Zukunft zu treffen.

IV. Die Macht der Predictive Analytics: Ein Überblick

1. Predictive Analytics verstehen

Predictive Analytics ist ein Zweig der Advanced Analytics, der Daten, statistische Algorithmen und Techniken des maschinellen Lernens nutzt, um die Wahrscheinlichkeit potenzieller zukünftiger Ergebnisse auf der Grundlage historischer Daten zu ermitteln. Das Ziel besteht darin, über die Informationen darüber hinauszugehen, was in der Vergangenheit passiert ist, um eine bestmögliche Annäherung an das zu liefern, was in naher Zukunft passieren wird. Dieses leistungsstarke Tool vereint zwei separate, aber miteinander verbundene potenzielle Datenanalysetechniken: prädiktive Modellierung und maschinelles Lernen.

2. Die Essenz von Predictive Analytics

Das Wesen der prädiktiven Analyse beruht in hohem Maße auf der Erfassung von Beziehungen zwischen beschreibenden Variablen und vorhergesagten Variablen aus früheren Ereignissen und deren Nutzung zur Vorhersage zukünftiger Ergebnisse. Dieser Prozess ist in einer Vielzahl von Bereichen von Vorteil, darunter Internetmarketing, Finanzdienstleistungen, Versicherungen, Telekommunikation, Reisen, Gesundheitswesen, Arzneimittel, Einzelhandel und soziale Medien.

3. Predictive Analytics-Prozess

Der Predictive-Analytics-Prozess besteht aus einer Reihe von Schritten, die sowohl strukturierte als auch unstrukturierte Daten durch verschiedene Statistik-, Modellierungs- und maschinelle Lernalgorithmen umfassen, um zukünftige Ereignisse vorherzusagen. Der Prozess beginnt mit der Definition des Projekts, gefolgt von der Datenerfassung. Später werden die Daten einer Analyse unterzogen und mithilfe von Techniken wie Regression und Entscheidungsbäumen in ein Vorhersagemodell umgewandelt. Dieses Modell wird dann regelmäßig bereitgestellt und überwacht, um sicherzustellen, dass es wie erwartet funktioniert.

4. Techniken in Predictive Analytics

Bei der prädiktiven Analyse kommen mehrere Techniken zum Einsatz; Dazu gehören maschinelles Lernen (ML), künstliche neuronale Netze (ANN), Entscheidungsbäume, Regression, Zeitreihenanalyse und andere. Jede Technik bietet einzigartige Vorteile und eignet sich für bestimmte Aufgabentypen, von Abstimmungsmethoden bis hin zur nichtlinearen Vorhersagemodellierung.

5. Vorteile von Predictive Analytics

Predictive Analytics bietet eine Reihe von Vorteilen. Für Unternehmen hilft es dabei, Marketingkampagnen zu verbessern, bessere Produkte zu entwickeln und Abläufe zu verbessern. Es hilft bei der Erkennung und Vermeidung von Risiken in Bereichen wie Cybersicherheit und Betrugsmanagement. Es spielt sogar eine zentrale Rolle im Gesundheitswesen und in den Biowissenschaften, indem es Ärzten hilft, die Wahrscheinlichkeit von Krankheiten vorherzusagen, die Patientenversorgung zu verbessern und bei der Arzneimittelentwicklung zu helfen.

6. Der Einfluss von Big Data auf Predictive Analytics

Die enormen Datenmengen, die auf mehreren Plattformen generiert werden, haben Fortschritte in der prädiktiven Analyse erforderlich gemacht. Big Data mit seinen drei Kernelementen – Volumen, Geschwindigkeit und Vielfalt – bietet eine reichhaltige Eingabequelle für prädiktive Analysen und ermöglicht tiefgreifende Erkenntnisse für die Entscheidungsfindung.

7. Predictive Analytics und Business Intelligence

Die Kombination von Predictive Analytics und Business Intelligence (BI)-Tools hilft Unternehmen dabei, ihre Daten für eine fundiertere Entscheidungsfindung zu nutzen. Durch die Anwendung von BI-Tools auf die Vorhersagemodelle können Unternehmen Daten visualisieren, wichtige Leistungskennzahlen verfolgen und Berichte erstellen, um Abläufe zu rationalisieren und die Rentabilität zu steigern.

8. Herausforderungen und Grenzen von Predictive Analytics

Trotz der zahlreichen Vorteile ist Predictive Analytics nicht ohne Einschränkungen. Die Genauigkeit der Ergebnisse hängt stark von der Qualität der Daten ab. Eine Fehlinterpretation von Daten kann zu fehlerhaften Vorhersagen führen. Darüber hinaus stellen die Wahrung des Datenschutzes und die Gewährleistung der Einhaltung gesetzlicher Vorschriften ebenfalls erhebliche Herausforderungen dar.

9. Die Zukunft der Predictive Analytics

Die Zukunft der Predictive Analytics ist vielversprechend. Durch die Einbindung von KI und ML werden Vorhersagemodelle präziser. Es wird erwartet, dass die Echtzeitanwendungen prädiktiver Analysen zunehmen und eine sofortige Entscheidungsfindung und Maßnahmen ermöglichen.

Im Zeitalter datengesteuerter Entscheidungen ermöglicht die Nutzung der Leistungsfähigkeit prädiktiver Analysen Unternehmen, in die Zukunft zu blicken und proaktive, datengesteuerte Entscheidungen zu treffen, die zum Erfolg führen.

IV.1 Predictive Analytics verstehen

Unter Predictive Analytics versteht man die Extraktion von Informationen aus vorhandenen Datensätzen, um zukünftige Wahrscheinlichkeiten und Trends vorherzusagen. Es handelt sich um eine statistische Technik, die eine Reihe statistischer Algorithmen, Techniken des maschinellen Lernens und Analysemethoden umfasst, um die Wahrscheinlichkeit zukünftiger Ergebnisse auf der Grundlage der Daten zu ermitteln.

Bei Predictive Analytics geht es um das Konzept, die Leistungsfähigkeit von Daten in qualitativer und quantitativer Form zu nutzen. Dies geschieht durch die Identifizierung konsistenter Muster und Zusammenhänge in historischen Daten und Transaktionsdaten, um diese in umsetzbare Entscheidungen umzuwandeln. Im Gegensatz zu herkömmlichen Analysen, die nur Einblicke in das Geschehen liefern, ermöglicht uns die prädiktive Analyse, in die Zukunft zu blicken und fundierte Entscheidungen zu treffen.

IV.2 Anwendungen von Predictive Analytics

Predictive Analytics hat ein breites Anwendungsspektrum in verschiedenen Branchen.

- **Marketing:** Unternehmen nutzen Vorhersagemodelle, um Kundenverhalten und -präferenzen vorherzusagen. Es hilft bei der Planung effektiver Marketingstrategien und verbessert Akquise, Cross-Selling und Kundenbindung.
- **Finanzen und Versicherungen:** Sie nutzen es, um betrügerische Transaktionen zu erkennen und das Risiko bei der Kreditvergabe einzuschätzen. Es hilft beim Risikomanagement, indem es die wahrscheinliche Höhe eines Kundenausfalls vorhersagt.
- **Gesundheitswesen:** Prädiktive Analysen können die Wahrscheinlichkeit einer Erkrankung von Patienten abschätzen und Wiedereinweisungen ins Krankenhaus vorhersagen.
- **Fertigung:** Vorhersagemodelle können den Lagerbedarf prognostizieren und Maschinenausfälle vorhersagen, bevor sie eintreten.

Diese Anwendungen sind nur die Spitze des Eisbergs. Predictive Analytics bietet grenzenloses Potenzial in jedem Bereich, in dem große Datenmengen verarbeitet werden, die heutzutage exponentiell wachsen.

IV.3 Der Prozess der Predictive Analytics

Der Prozess der Predictive Analytics lässt sich in mehrere grundlegende Schritte unterteilen:

1. Definieren Sie das Projekt: Der erste Schritt besteht darin, das Projekt mit einem klaren Ziel, Projektumfang und der Identifizierung der Datenquellen zu definieren.

2. Datenerfassung: Dazu gehört das Sammeln relevanter Daten aus verschiedenen Quellen, darunter Data Warehouses, Cloud-Daten oder direkte Feeds.

3. Datenanalyse: In diesem Schritt werden die gesammelten Daten statistisch analysiert, um Trends, Beziehungen und Muster zu erkennen, die für die Vorhersagemodellierung nützlich sein können

4. Modellbildung: Es werden Algorithmen entwickelt, um anhand der interpretierten Daten zukünftige Trends vorherzusagen.

5. Verifizierung und Validierung: Das Modell wird dann anhand bekannter Ergebnisse getestet und validiert, um seine Genauigkeit und Wirksamkeit zu bewerten.

6. Bereitstellung: Das validierte Modell wird dann bereitgestellt, um Echtzeit- oder zukünftige Ergebnisse vorherzusagen.

7. Überwachung: Die Leistung des Modells wird kontinuierlich überwacht, um sicherzustellen, dass es die erwarteten Ergebnisse liefert.

IV.4 Leistungsfähigkeit der Predictive Analytics

Predictive Analytics hat die Entscheidungsprozesse in Unternehmen revolutioniert. Es hat Vermutungen unwirksam gemacht und den Weg für datengestützte Entscheidungen geebnet. Von der Umsatzprognose bis zur vorausschauenden Wartung wurde es zur Optimierung verschiedener Prozesse eingesetzt.

Mit der Leistungsfähigkeit prädiktiver Analysen können Unternehmen zukünftige Umsatztrends vorhersagen, Kundenverhalten verstehen, Abläufe rationalisieren, Risiken verringern, Marketingstrategien verbessern und einen besseren Service bieten. Es ermöglicht Unternehmen, proaktiv, zukunftsorientiert und leistungsorientiert zu agieren.

Doch so wirkungsvoll prädiktive Analysen auch sein mögen, sie setzen das menschliche Urteilsvermögen nicht außer Kraft, sondern verstärken es, indem sie bessere und präzisere Erkenntnisse liefern. Es ist wichtig zu verstehen, dass selbst die genaueste Vorhersage keine Garantie, sondern eine gut kalibrierte Schätzung ist.

IV.5 Zukunft der Predictive Analytics

Predictive Analytics nimmt mit der Weiterentwicklung von Technologien wie KI, maschinellem Lernen und Big Data rasant zu. Die Zukunft der Predictive Analytics sieht vielversprechend aus, da Unternehmen zunehmend Daten nutzen, um ihre Strategien voranzutreiben und fundierte Entscheidungen zu treffen. Da immer mehr Branchen die Bedeutung der prädiktiven Analyse erkennen, wird erwartet, dass die Bandbreite ihrer Anwendungen wächst und sie zu einem unverzichtbaren Werkzeug in der Welt macht, die auf Daten basiert.

Denken Sie daran, dass Predictive Analytics keine magische Kristallkugel ist, die zukünftige Ergebnisse garantiert, aber sie positioniert Unternehmen zweifellos besser für zukünftige Unsicherheiten, indem sie Risiken reduziert und eine effektive Entscheidungsfindung ermöglicht.

Die Grundlagen und Bedeutung von Predictive Analytics

Predictive Analytics ist eine fortschrittliche und dynamische Analysemethode. Im scharfen Gegensatz zu herkömmlichen Datenanalysen, die historische Daten analysieren, geht Predictive Analytics von einem proaktiven Ansatz aus und nutzt dieselben Daten, um zukünftige, unbekannte Ereignisse vorherzusagen. Dieser Ansatz bietet Unternehmen bemerkenswerte Möglichkeiten, da sie diese Vorhersagen nutzen können, um bessere Entscheidungen zu treffen, proaktive Strategien zu entwickeln und sich einen Wettbewerbsvorteil zu verschaffen.

Predictive Analytics stützt sich in hohem Maße auf verschiedene Techniken wie Data Mining, Statistik, maschinelles Lernen und künstliche Intelligenz, um aktuelle und historische Daten zu sichten und vorherzusagen, was in der Zukunft wahrscheinlich passieren wird. Auf diese Weise können Stakeholder zukünftige Trends und Verhaltensweisen erkennen, die in einem Geschäftsszenario von entscheidender Bedeutung sein könnten. Die potenziellen Einsatzmöglichkeiten von Predictive Analytics erstrecken sich über zahlreiche Branchen, unter anderem im

Gesundheitswesen, im Einzelhandel, im Finanzwesen und in der öffentlichen Verwaltung.

Schlüsselelemente der Predictive Analytics

Predictive Analytics ist ein komplexer Prozess, der eine Reihe verschiedener, aber miteinander verbundener Schritte erfordert. Dabei spielen folgende Elemente eine entscheidende Rolle:

1. **Datenerfassung:** Die Genauigkeit und Zuverlässigkeit von Vorhersagen hängt in hohem Maße von der Qualität und Quantität der verfügbaren Daten ab. Unternehmen müssen so viele relevante Daten wie möglich sammeln.
2. **Datenanalyse:** Dieser Prozess analysiert und bewertet die gesammelten Daten und identifiziert Muster, Beziehungen und Trends, die in den Daten vorhanden sein könnten.
3. **Statistische Analyse:** In diesem Schritt wenden Mathematiker statistische Algorithmen auf die Daten an, um die verschiedenen darin enthaltenen Variablen zu identifizieren.
4. **Modellierung:** Die statistische Analyse führt zur Erstellung von Modellen, die das potenzielle zukünftige Verhalten eines Datensatzes widerspiegeln.
5. **Einsatz:** Die Modelle werden mit aktuellen Daten verwendet, um Vorhersagen über zukünftige Trends zu treffen.
6. **Modellbewertung:** Modelle werden kontinuierlich überwacht und bei Bedarf aktualisiert, um die Vorhersagen so genau wie möglich zu halten.

Nutzen Sie die Leistungsfähigkeit von Predictive Analytics

Predictive Analytics birgt ein großes Potenzial für Unternehmen, ihr Umsatzwachstum voranzutreiben und ihre Abläufe zu optimieren. Hier sind einige der Vorteile, die Unternehmen nutzen können, wenn sie Predictive Analytics in ihre Strategien integrieren:

1. **Verbesserung der Entscheidungsfindung:** Vorhersagemodelle helfen Unternehmen, fundierte Entscheidungen auf der Grundlage aufschlussreicher und genauer Daten zu treffen. Dieser Ansatz verbessert den Entscheidungsprozess, indem er Vermutungen und Unsicherheiten reduziert.

2. **Trends und Verhalten antizipieren:** Es ermöglicht Unternehmen, proaktiv statt reaktiv zu sein, indem sie Markttrends und das Kaufverhalten der Verbraucher antizipieren und potenzielle Risiken oder Chancen vorhersehen.

3. **Steigerung der betrieblichen Effizienz:** Prädiktive Analysen können dabei helfen, verschiedene Geschäftsabläufe wie Bestandsverwaltung, Logistik oder Personal zu optimieren. Durch die Prognose zukünftiger Nachfrage- oder Angebotstrends können Unternehmen Ressourcen effizienter verwalten.

4. **Verbesserung von Marketingkampagnen:** Vermarkter können prädiktive Analysen nutzen, um das Verhalten und die Präferenzen der Kunden besser zu verstehen und so personalisierte Marketingkampagnen zu erstellen, die mit größerer Wahrscheinlichkeit hohe Konversionsraten generieren.

5. **Risiken mindern:** Finanzinstitute können prädiktive Analysen nutzen, um Kreditrisiken oder die Wahrscheinlichkeit eines Kreditausfalls eines Kunden

einzuschätzen und so ihre Risikomanagementfähigkeiten zu verbessern.

Zusammenfassend lässt sich sagen, dass Predictive Analytics Unternehmen zahlreiche Möglichkeiten bietet, ihre Ziele zu erreichen und am Markt einen Schritt voraus zu sein. Indem sie Daten in prädiktive Erkenntnisse umwandeln, können sie unvorhersehbares Wachstum und Wert erschließen. Trotz ihrer Komplexität machen die zahlreichen Vorteile, die sie bietet, eine klügere Wahl und machen Predictive Analytics zu einem unverzichtbaren Werkzeug in der heutigen Geschäftslandschaft. Da immer mehr Unternehmen die Möglichkeiten prädiktiver Analysen nutzen, können wir uns auf radikale Veränderungen in verschiedenen Sektoren freuen.

IV.1 Das Wesen von Predictive Analytics verstehen

Predictive Analytics ist ein Zweig der Advanced Analytics, der eine Vielzahl technologischer Tools und statistischer Techniken wie maschinelles Lernen und prädiktive Modellierung nutzt, um Vorhersagen über unbekannte zukünftige Ereignisse in einem bestimmten Bereich zu treffen. Der Zweck von Predictive Analytics besteht nicht nur darin, zu verstehen, was passiert ist oder was gerade passiert, sondern vor allem darin, vorherzusagen, was als nächstes passieren könnte.

Predictive Analytics basiert auf drei wichtigen Säulen: Daten, statistische Algorithmen und Techniken des maschinellen Lernens. Es durchsucht riesige Datenmengen aus verschiedenen Quellen wie aktuellen und historischen Daten und kombiniert sie mit statistischen Algorithmen und Techniken des maschinellen Lernens, um die Chancen zukünftiger Ergebnisse zu ermitteln. Sobald sie entschlüsselt sind, ermöglichen die datengesteuerten Vorhersagen

Unternehmen, Annahmen zu validieren oder neue Fragen zur Zukunft zu stellen, was bei der proaktiven Entscheidungsfindung und Strategieentwicklung hilft.

Die wahre Stärke von Predictive Analytics liegt in ihrer Fähigkeit, auf der Grundlage von Daten umsetzbare Erkenntnisse zu liefern. Durch den Einsatz prädiktiver Analysen können Unternehmen aufkommende Trends antizipieren, Benutzerverhalten vorhersagen, potenzielle Risiken abschätzen und Erkenntnisse gewinnen, um Geschäftsstrategien voranzutreiben und so einen zukunftsorientierten Ansatz zu fördern. Insbesondere identifiziert Predictive Analytics nicht nur Möglichkeiten, sondern legt auch den Grad der Sicherheit seiner Vorhersagen fest und versetzt Unternehmen in die Lage, fundiertere, datengesteuerte Entscheidungen zu treffen.

IV.2 Umfang und Auswirkungen von Predictive Analytics

Predictive Analytics ist in zahlreichen Industriesektoren anwendbar, darunter Gesundheitswesen, Finanzen, Einzelhandel, Reisen, Telekommunikation, Energie und mehr, und gestaltet deren Abläufe und Entscheidungsprozesse strategisch.

Im Gesundheitswesen können prädiktive Analysen beispielsweise eingesetzt werden, um Krankheitsausbrüche und Wiederaufnahmen von Patienten vorherzusagen und so eine bessere Gesundheitsplanung und -verwaltung zu ermöglichen. In ähnlicher Weise nutzen Unternehmen im Finanz- und Einzelhandelssektor prädiktive Analysen, um die Kaufgewohnheiten der Verbraucher zu bewerten, die Nachfrage vorherzusagen, Risiken zu minimieren und das Kundenerlebnis zu verbessern.

Neben der betrieblichen Optimierung trägt Predictive Analytics maßgeblich dazu bei, Risiken und Betrug zu erkennen. Durch Anomalieerkennung und Netzwerkanalyse können Unregelmäßigkeiten, ungewöhnliche Muster oder verdächtige Aktivitäten erkannt werden, was in Bereichen wie Banken, Versicherungen, Cybersicherheit und sogar Regierungsbehörden entscheidende Vorteile bietet.

Darüber hinaus spielt Predictive Analytics auch bei der Ressourcenverwaltung eine Schlüsselrolle. Durch die Vorhersage der Nachfrage können Unternehmen ihren Lagerbestand optimieren und dadurch die Kosten erheblich senken. Ebenso hilft Predictive Analytics im Personalmanagement dabei, die Merkmale erfolgreicher Mitarbeiter zu identifizieren und so eine intelligentere und effektivere Einstellung zu ermöglichen.

IV.3 Die Entwicklung der Predictive Analytics

Der Umfang der prädiktiven Analyse hat sich mit dem Aufkommen von Big Data und verbesserten Verarbeitungstechnologien erheblich erweitert. Predictive Analytics ist heute Teil eines größeren Systems – Business Intelligence (BI). Zusammen mit deskriptiven und präskriptiven Analysen bietet Predictive Analytics Unternehmen ein 360-Grad-Verständnis ihrer Abläufe und des Geschäftsumfelds und gestaltet so ein datenzentriertes Geschäftsmodell.

Zukünftig wird die zunehmende Integration von künstlicher Intelligenz (KI) und maschinellem Lernen (ML) die Genauigkeit und Geschwindigkeit von Vorhersagen weiter verbessern und so die Rolle von Predictive Analytics bei der Entscheidungsfindung und Strategieplanung stärken.

IV.4 Herausforderungen und Zukunft der Predictive Analytics

Predictive Analytics bietet zwar enorme Vorteile, bringt aber auch Herausforderungen mit sich, etwa in Bezug auf Datenschutz und -sicherheit, Datenqualität und -integration sowie die Umsetzung von Ergebnissen. Die Bewältigung dieser Probleme erfordert strategische Planung und eine Veränderung der Unternehmenskultur.

Dennoch sieht die Zukunft der Predictive Analytics vielversprechend aus. Da Unternehmen immer tiefer in das datengesteuerte Universum vordringen, wird die Abhängigkeit von prädiktiven Analysen zweifellos zunehmen. Mutigere technologische Fortschritte in Bereichen wie KI, ML und Cloud Computing werden die prädiktive Analyse weiterhin bereichern und sie zu einem Eckpfeiler futuristischer, datenzentrierter Geschäftsmodelle und der Gesellschaft insgesamt machen.

IV.1 Predictive Analytics verstehen

Predictive Analytics ist eine Methode, die statistische Algorithmen und Techniken des maschinellen Lernens nutzt, um historische Daten auszuwerten, zukünftige Ergebnisse vorherzusagen und potenzielle zukünftige Trends zu verstehen. Dabei handelt es sich um einen Aspekt der Datenanalyse, der darauf abzielt, Vorhersagen über unsichtbare oder unbeobachtete zukünftige Ereignisse zu treffen.

Dieser Ansatz basiert auf der Erfassung von Beziehungen zwischen erklärenden Variablen und den metrischen Variablen, die sie für zukünftige Vorhersagen berücksichtigen. Diese Erfassungen erfolgen mithilfe von

Modellen, die aus historischen Daten erstellt werden. Sobald ein Vorhersagemodell erstellt ist, kann es auf aktuelle Daten angewendet werden, um vorherzusagen, was als nächstes passieren wird.

Prädiktive Analysen können in zahlreichen Branchen, vom Gesundheitswesen und Marketing bis hin zu Finanzwesen und Einzelhandel, enorme Vorteile bringen. Sie ermöglichen es Organisationen, Prognosen zu erstellen, die ihnen bei der Gestaltung ihrer strategischen Maßnahmen und Entscheidungen helfen können.

IV.1.1 Die vier Phasen der Predictive Analytics

1. **Datenerfassung:** Hierbei handelt es sich um den Prozess der Erfassung von Rohdaten aus verschiedenen Quellen, zu denen Datenbanken, Data Warehouses oder externe Quellen Dritter gehören können. Diese Rohdaten bilden die Grundlage für weitere Analysen und Vorhersagen.
2. **Datenanalyse:** Sobald die Daten erfasst sind, besteht der nächste Schritt darin, die Daten zu bereinigen, zu verarbeiten und zu analysieren. Ziel ist es, Muster oder Trends zu entdecken, die nützliche Einblicke in zukünftige Ergebnisse liefern könnten.
3. **Statistische Analyse:** In dieser dritten Phase wird ein Vorhersagemodell erstellt, das auf den gesammelten und analysierten Daten basiert. Mithilfe von Algorithmen, Wahrscheinlichkeiten und statistischen Methoden wird ein Modell entwickelt, mit dem Vorhersagen getroffen werden können.
4. **Prädiktive Modellierung:** In der letzten Phase der prädiktiven Analyse wird das prädiktive Modell verwendet, um Vorhersagen über zukünftige Ergebnisse zu treffen. Dieser Prozess hilft

Unternehmen, fundierte Geschäftsentscheidungen zu treffen.

IV.1.2 Werkzeuge und Techniken, die in Predictive Analytics verwendet werden

Bei der prädiktiven Analyse werden mehrere Tools eingesetzt, um mit riesigen Datenmengen und komplexen Algorithmen umzugehen. Softwareplattformen wie R, Python, SPSS und SAS bieten Funktionen zur Datenmanipulation, Visualisierung und Algorithmenimplementierung, die für prädiktive Analysen erforderlich sind.

Zu den in der prädiktiven Analyse verwendeten Techniken gehören außerdem lineare Regressionen, logistische Regressionen, Entscheidungsbäume und neuronale Netze. Die Art der Daten, die Branche und das Ziel der Vorhersage bestimmen die Wahl dieser Techniken.

IV.1.3 Anwendungen von Predictive Analytics

Sein Potenzial erstreckt sich über ein breites Spektrum von Branchen, in denen umfangreiche Daten produziert werden. Im Gesundheitswesen könnten prädiktive Analysen beispielsweise eine frühzeitige Diagnose und Behandlung von Krankheiten ermöglichen. Im Finanzwesen könnte es dabei helfen, Aktienkursbewegungen vorherzusagen oder das Kreditrisiko zu bewerten.

Der Einzelhandel nutzt es, um das Kundenverhalten vorherzusagen und seine Strategien anzupassen, um den Umsatz anzukurbeln. Die Marketingbranche nutzt es, um die Effizienz von Marketingkampagnen vorherzusagen und notwendige Änderungen vorzunehmen, um die Ergebnisse zu verbessern.

Trotz der Herausforderungen bei der Datenqualität und den erforderlichen Fähigkeiten, Daten effektiv zu interpretieren und zu nutzen, kann Predictive Analytics mit den richtigen Tools und qualifiziertem Personal wichtige Erkenntnisse liefern, die ein Unternehmen voranbringen können. Es ist ein wirksames Werkzeug, das mehrere Branchen verändert hat und mit dem Aufkommen von Big Data und fortschrittlicheren Algorithmen seinen Einflussbereich immer weiter ausweitet.

Es ist jedoch wichtig, sich daran zu erinnern, dass es bei Predictive Analytics nicht darum geht, die „Zukunft" vorherzusagen, sondern mögliche Ergebnisse abzuschätzen. Ihr Ziel besteht nicht darin, absolute und deterministische Vorhersagen zu liefern, sondern den Benutzern genügend Informationen zu geben, um zu beurteilen, was ihre nächste Aktion sein sollte. Es reduziert den Bereich der Unsicherheit und ermöglicht es Unternehmen so, klug zu agieren und zukünftige Chancen zu nutzen.

V. Rolle von Predictive Analytics in verschiedenen Branchen

5.1 Die Auswirkungen von Predictive Analytics in der Gesundheitsbranche

Prädiktive Analysen gewinnen im Gesundheitswesen zunehmend an Bedeutung. Sie helfen Anbietern dabei, Patientenergebnisse vorherzusagen, Behandlungen zu verwalten und fundiertere Entscheidungen zu treffen. Es wird in einer Vielzahl von Bereichen eingesetzt, darunter

Krankheitsmanagement, Krankenhausmanagement, Patientenzufriedenheit und Gesundheitspolitik.

Gesundheitsdienstleister nutzen prädiktive Analysen, um Personen zu identifizieren, die einem Risiko für chronische Krankheiten wie Diabetes und Herzerkrankungen ausgesetzt sind. Sie nutzen Daten aus elektronischen Gesundheitsakten, Labortests und körperlichen Untersuchungen, um individuelle Krankheitsrisiken vorherzusagen. Dadurch können Ärzte frühzeitig eingreifen und vorbeugende Maßnahmen ergreifen, was die Gesundheitsergebnisse der Patienten verbessert und die Gesundheitskosten senkt.

Darüber hinaus wird Predictive Analytics auch im Krankenhausmanagement eingesetzt. Es hilft bei der Vorhersage der Patientenaufnahmequoten und ermöglicht es Krankenhäusern, die Personalzuteilung zu optimieren, die Wartezeit der Patienten zu verkürzen und die Gesundheitsversorgung zu verbessern. Es hilft auch dabei, die Wiederaufnahme von Patienten vorherzusagen, was für die Ressourcenplanung und die Reduzierung von Strafen für die Wiederaufnahme in Krankenhäuser von entscheidender Bedeutung ist.

Darüber hinaus nutzen Gesundheitsorganisationen auch prädiktive Analysen, um die Patientenzufriedenheit zu steigern. Sie analysieren Umfragen zur Patientenzufriedenheit, Online-Bewertungen und Social-Media-Beiträge, um Faktoren zu identifizieren, die zur Patientenzufriedenheit beitragen. Durch die Lösung von Problemen, die zu Unzufriedenheit führen, können Gesundheitsdienstleister das Patientenerlebnis verbessern und die Patientenbindung fördern.

Auch in der Gesundheitspolitik spielt Predictive Analytics eine entscheidende Rolle. Politische Entscheidungsträger nutzen Vorhersagemodelle, um die Auswirkungen politischer Änderungen auf die Gesundheitsversorgung und -ergebnisse abzuschätzen und so bessere Entscheidungen im Gesundheitswesen zu treffen. Sie können die Kostenwirksamkeit verschiedener Gesundheitsmaßnahmen bewerten und Richtlinien entwickeln, die den Gesundheitsnutzen maximieren und die Kosten minimieren.

5.2 Finanzdienstleistungen mit Predictive Analytics unterstützen

Predictive Analytics hat sich auch in der Finanzdienstleistungsbranche als Game-Changer erwiesen. Von der Vorhersage von Markttrends bis hin zum Risikomanagement verschafft Predictive Analytics Finanzinstituten einen Wettbewerbsvorteil, indem es ihnen hilft, datengesteuerte Entscheidungen zu treffen.

Wertpapierfirmen nutzen Predictive Analytics, um Markttrends vorherzusagen. Sie analysieren Wirtschaftsdaten, Unternehmensleistungskennzahlen und Newsfeeds, um Aktienkurse vorherzusagen und Investitionsentscheidungen zu treffen. Heutzutage verwenden viele Unternehmen automatisierte Handelsalgorithmen, die auf prädiktiven Analysen basieren, um Geschäfte in Echtzeit auszuführen.

Darüber hinaus wird Predictive Analytics in großem Umfang bei der Kreditbewertung eingesetzt. Banken und Kreditkartenunternehmen analysieren die finanzielle Vergangenheit einer Person, um deren Ausfallwahrscheinlichkeit vorherzusagen. Die Prognosen helfen Unternehmen bei der Entscheidung, ob sie einen Kreditantrag bewilligen und Zinssätze festlegen.

Risikomanagement ist ein weiterer Bereich, in dem Predictive Analytics im Finanzsektor eingesetzt wird. Finanzinstitute nutzen Vorhersagemodelle, um Portfoliorisiken vorherzusagen und geeignete Risikominderungsstrategien zu entwickeln. Im Versicherungswesen werden Predictive Analytics eingesetzt, um Versicherungsprämien auf Basis des Risikoprofils des Antragstellers zu berechnen und so die Rentabilität von Versicherungspolicen zu verbessern.

5.3 Predictive Analytics im Einzelhandel und E-Commerce

Predictive Analytics hat auch die Einzelhandels- und E-Commerce-Branche verändert. Es hilft Unternehmen dabei, die Verbrauchernachfrage vorherzusagen, die Lieferkette zu optimieren, das Kundenerlebnis zu personalisieren und die Rentabilität zu verbessern.

Einzelhändler nutzen prädiktive Analysen, um die Verbrauchernachfrage nach verschiedenen Produkten vorherzusagen. Sie analysieren historische Verkaufsdaten, aktuelle Trends und Marktforschung, um optimale Lagerbestände sicherzustellen. Mit einer genauen Nachfrageprognose können Einzelhändler Fehlbestände und Überbestände vermeiden, die Lagerkosten senken und die Kundenzufriedenheit verbessern.

Predictive Analytics spielt auch im Supply Chain Management eine entscheidende Rolle. Es hilft, Verzögerungen in der Lieferkette vorherzusagen und Notfallpläne zu entwickeln, um optimierte Abläufe und pünktliche Lieferungen sicherzustellen.

Darüber hinaus wird Predictive Analytics zur Personalisierung des Kundenerlebnisses eingesetzt.

Einzelhändler analysieren Kundenverhalten, Kaufhistorie und Feedback, um deren Produktpräferenzen und Einkaufsgewohnheiten vorherzusagen. Anschließend nutzen sie diese Erkenntnisse, um Marketingbotschaften und Produktempfehlungen zu personalisieren, die Kundenbindung zu verbessern und den Umsatz zu steigern.

Schließlich hilft Predictive Analytics Einzelhändlern dabei, ihre Rentabilität zu verbessern. Durch die Analyse von Verkaufsdaten, Produktkosten und anderen Finanzkennzahlen können Einzelhändler die Rentabilität verschiedener Produkte vorhersagen und datengesteuerte Preis- und Werbeentscheidungen treffen und so ihren ROI maximieren.

5.4 Nutzung prädiktiver Analysen in der Fertigung

Die Einführung prädiktiver Analysen im Fertigungssektor hat den Weg für bedeutende Fortschritte geebnet. Es ermöglicht Herstellern, Maschinenausfälle vorherzusagen, Produktionsprozesse zu optimieren, die Lieferkette zu verwalten und fundierte Geschäftsentscheidungen zu treffen.

Predictive Maintenance ist eine der Schlüsselanwendungen von Predictive Analytics in der Fertigung. Hersteller analysieren Sensordaten von Maschinen, um Geräteausfälle vorherzusagen und Wartungsaktivitäten zu planen, wodurch Ausfallzeiten und Wartungskosten reduziert werden.

Darüber hinaus trägt Predictive Analytics zur Optimierung des Herstellungsprozesses bei. Durch die Analyse von Produktionsdaten können Hersteller Produktionsergebnisse prognostizieren, Engpässe identifizieren und die Effizienz verbessern. Es kann auch bei der Qualitätskontrolle hilfreich sein, indem es Produktfehler vorhersagt und zeitnahe Korrekturmaßnahmen ermöglicht.

Auch im Supply Chain Management kommt Predictive Analytics zum Einsatz. Hersteller analysieren historische Daten und aktuelle Trends, um Angebot und Nachfrage vorherzusagen und so den Lagerbestand zu verwalten, die Produktion zu planen und pünktliche Lieferungen sicherzustellen.

Schließlich unterstützt Predictive Analytics die Entscheidungsfindung im Unternehmen. Hersteller können Verkaufsdaten, Markttrends und Finanzkennzahlen analysieren, um Entscheidungen über Produktpreise, Markteintritt und Geschäftsausweitung zu treffen.

5.5 Predictive Analytics treibt die Zukunft des Bildungssektors voran

Auch im Bildungsbereich macht Predictive Analytics Fortschritte. Von der Vorhersage der Schülerleistungen über die Verbesserung des Lehrprozesses bis hin zur Optimierung der betrieblichen Effizienz verändert es die Funktionsweise des Bildungssektors.

Institutionen nutzen zunehmend prädiktive Analysen, um die Leistung von Studierenden vorherzusagen. Durch die Analyse der Anwesenheit von Schülern, Kennzahlen zum Engagement und früherer Leistungsdaten können Pädagogen Schüler identifizieren, bei denen das Risiko besteht, dass sie schlechter abschneiden oder das Studium abbrechen. Eine frühzeitige Erkennung ermöglicht eine rechtzeitige Intervention, die dazu beitragen kann, die Ergebnisse der Studierenden zu verbessern und die Abbrecherquoten zu senken.

Darüber hinaus werden prädiktive Analysen zur Information und Verbesserung von Lehrmethoden eingesetzt. Beispielsweise können Pädagogen Daten nutzen, um zu verstehen, welche Unterrichtsstile und -strategien am effektivsten sind, und ihre Unterrichtspraktiken entsprechend anpassen, wodurch die Lernerfahrungen der Schüler verbessert werden.

Predictive Analytics hilft auch bei operativen Aufgaben wie der Optimierung des Zulassungsprozesses. Institutionen können Vorhersagemodelle verwenden, um zu verstehen, welche Bewerber Zulassungsangebote wahrscheinlich annehmen werden, und so eine effiziente Ressourcenallokation gewährleisten. Darüber hinaus kann die Prognose von Einschreibungstrends Institutionen dabei helfen, Strategien für zukünftige akademische Angebote und Infrastrukturplanung zu entwickeln.

Zusammenfassend lässt sich sagen, dass diese unterschiedlichen Branchen dank der Leistungsfähigkeit von Predictive Analytics Daten nutzen, um zukünftige Trends vorherzusagen, ihre Abläufe zu optimieren und strategische Entscheidungen zu treffen. Durch die Nutzung der Möglichkeiten prädiktiver Analysen verbessern diese Branchen nicht nur ihre Effizienz und Effektivität, sondern verschaffen sich auch einen Wettbewerbsvorteil auf dem Markt.

A. Gesundheitswesen

Predictive Analytics spielt in der Gesundheitsbranche eine sehr wichtige Rolle. Gesundheitsexperten nutzen prädiktive Analysen, um Epidemien vorherzusagen, Krankheiten zu heilen, die Lebensqualität zu verbessern und vermeidbare Todesfälle zu vermeiden. Da die Menge an Gesundheitsdaten sehr schnell zunimmt, können prädiktive Analysen dabei helfen, diese Daten zu verstehen und umsetzbare Erkenntnisse zu liefern.

Die prädiktive Analyse im Gesundheitswesen kann die Vorhersage von Krankheiten, von Patienten, die kurz davor stehen, an irgendeiner Art von Krankheit zu leiden, die Vorhersage, wann eine Krankheit auftreten könnte, die Unterstützung bei der Untersuchung des Gesundheitszustands des Patienten, die Entscheidung über klinische Prozesse und die regelmäßige Überwachung der Patientengesundheit umfassen . Dieser Ansatz ermöglicht eine schnellere Krankheitsdiagnose, verbesserte Patientenergebnisse, kostengünstige Behandlungen und eine verbesserte Qualität der Pflege.

Beispielsweise können medizinische Fachkräfte anhand historischer Daten über den Verlauf einer bestimmten Krankheit bei Patienten mit ähnlicher genetischer Ausstattung und ähnlichem Lebensstil vorhersagen, wie sich eine Krankheit bei einem neuen Patienten entwickeln wird. Diese Informationen können verwendet werden, um die Behandlung für jeden Patienten zu personalisieren, was letztendlich zu besseren Gesundheitsergebnissen führt.

B. Einzelhandel

Eine weitere Branche, in der Predictive Analytics eine entscheidende Rolle spielt, ist der Einzelhandel. Einzelhändler nutzen Predictive Analytics, um ihre Kunden besser zu verstehen, Kundenverhalten vorherzusagen, Preise zu optimieren, Lagerbestände zu planen und zu prognostizieren sowie die Lieferkette zu verwalten.

Einzelhändler nutzen Predictive Analytics, um die Bedürfnisse und Wünsche ihrer Kunden zu antizipieren und ihr Erlebnis zu personalisieren, mit dem Ziel, den Umsatz und die Kundenbindung zu steigern. Mithilfe von Predictive Analytics können beispielsweise frühere Käufe und das Surfverhalten eines Kunden analysiert werden, um ihm

Produkte zu empfehlen, an denen er wahrscheinlich interessiert ist.

Darüber hinaus ermöglicht Predictive Analytics Einzelhändlern, ihren Lagerbestand zu optimieren, indem sie die Nachfrage nach verschiedenen Produkten zu unterschiedlichen Zeiten genau vorhersagen. Dies führte zu weniger Fehlbeständen und Überbeständen, was letztendlich die Kosten senkte und die Kundenzufriedenheit steigerte.

C. Finanzen und Bankwesen

Im Banken- und Finanzsektor werden prädiktive Analysen zur Risikobewertung, Betrugserkennung, Marketing und Kundenbindung eingesetzt und dienen der Verbesserung des gesamten Kundenerlebnisses. Banken verwenden Vorhersagemodelle, um die Ausfallwahrscheinlichkeit einzelner Kredite vorherzusagen und so Ihren Kreditrisiko-Score zu ermitteln. Banken implementieren außerdem prädiktive Analysen in ihre Arbeitsabläufe, um ungewöhnliches Verhalten zu erkennen, das auf betrügerische Aktivitäten hinweisen könnte.

Wertpapierfirmen nutzen häufig prädiktive Analysen, um Markttrends vorherzusagen und ihre Anlagestrategien zu informieren. Durch die Analyse historischer Marktdaten können Unternehmen fundierte Vorhersagen über zukünftige Marktbewegungen treffen und ihre Anlagestrategien entsprechend anpassen.

D. Herstellung

Fertigungsunternehmen nutzen prädiktive Analysen, um die Nachfrage vorherzusagen, die Produktion zu planen, die betriebliche Effizienz zu steigern, Kosten zu senken,

Lieferketten zu verwalten und die Qualität aufrechtzuerhalten.

Predictive Maintenance ist auch eine wichtige Anwendung von Predictive Analytics in der Fertigung. Unternehmen können vorhersagen, wann ein Anlagenteil voraussichtlich ausfallen wird, und sie können im Voraus Wartungsarbeiten durchführen, um kostspielige Ausfallzeiten zu vermeiden.

E. Telekommunikation

In der Telekommunikationsbranche hilft Predictive Analytics bei der Kundensegmentierung, der Reduzierung der Kundenabwanderung, der vorausschauenden Wartung, der Optimierung der Netzwerkqualität und der Verbesserung des Kundenerlebnisses.

Um die Abwanderung zu reduzieren, können Telekommunikationsunternehmen vorhersagen, welche Kunden wahrscheinlich zu einem anderen Anbieter wechseln werden, um proaktive Maßnahmen zur Bindung dieser Kunden zu ergreifen. Außerdem kann die erwartete Nachfrage prognostiziert werden, was zu einer intelligenten Kapazitätsplanung und Netzwerkoptimierung führt.

F. Energie und Versorgung

Predictive Analytics hat auch im Energiesektor große Fortschritte gemacht. Energieunternehmen nutzen diese Tools, um den Bedarf vorherzusagen, die Netzleistung zu optimieren, Geräteausfälle vorherzusagen und fundierte Entscheidungen über die Energieerzeugung zu treffen.

Predictive Analytics ermöglicht es Versorgungsunternehmen, ihre Ressourcen durch die Vorhersage von Verbrauchsmustern effektiver zu verwalten.

Es kann auch dabei helfen, potenzielle Probleme zu erkennen, bevor ein Fehler auftritt, und so Ausfallzeiten und Wartungskosten reduzieren.

Jede dieser Branchen hat ihre einzigartigen Herausforderungen, die Predictive Analytics bewältigen kann. Daher ist das Potenzial von Predictive Analytics zur Verbesserung der Entscheidungsfindung, Kostensenkung und Leistungsoptimierung immens und Branchen aus dem gesamten Spektrum können davon profitieren. Der Schlüssel zur Nutzung der Leistungsfähigkeit von Predictive Analytics liegt darin, zu verstehen, welche Fragen zu stellen, welche Daten zu verwenden sind und wie die Ergebnisse zu interpretieren sind.

Predictive Analytics im Gesundheitswesen: Ein revolutionärer Ansatz

Die Gesundheitsbranche stellt einen der wichtigsten Sektoren dar, in dem Predictive Analytics eine revolutionäre Rolle spielen kann. Die riesigen Datenmengen, die im Gesundheitswesen anfallen – von Patientenakten bis hin zu komplexen genetischen Informationen – bieten ein enormes Potenzial für prädiktive Analysen.

Verbesserte Patientenversorgung

Erstens kann Predictive Analytics die Patientenversorgung deutlich verbessern. Es kann Ärzten dabei helfen, Risikofaktoren für Krankheiten vorherzusagen und so frühere Interventionen zu ermöglichen, die schwere Gesundheitsprobleme verhindern könnten. Durch die

Analyse der Krankengeschichte, der Lebensgewohnheiten und genetischen Faktoren eines Patienten könnte ein Algorithmus beispielsweise die Wahrscheinlichkeit vorhersagen, an einer chronischen Krankheit wie Diabetes oder Herzerkrankungen zu erkranken. Mit dieser Erkenntnis können Ärzte präventive Maßnahmen und Behandlungen auf die individuellen Bedürfnisse des Patienten zuschneiden, von der Empfehlung von Änderungen des Lebensstils bis hin zum Beginn medikamentöser Therapien.

Verbesserte betriebliche Effizienz

Die Optimierung der betrieblichen Effizienz ist ein weiterer Vorteil, den Gesundheitseinrichtungen durch prädiktive Analysen erzielen können. Krankenhäuser generieren im Rahmen ihrer betrieblichen Aktivitäten eine große Datenmenge, beispielsweise Patientenaufnahmeraten, Gerätenutzung, Personalpläne und ihre Lieferketten. Die Analyse dieser Daten kann Muster und Trends aufdecken, die Administratoren dabei helfen können, die Ressourcenzuteilung zu verbessern, Verschwendung zu reduzieren, die Patientenzufriedenheit zu erhöhen und letztendlich die Gesamteffizienz des Gesundheitssystems zu steigern.

Informierte Entscheidungsfindung

Darüber hinaus können prädiktive Analysen Entscheidungsträgern und Administratoren im Gesundheitswesen dabei helfen, fundierte Entscheidungen zu treffen. Durch die Vorhersage zukünftiger Gesundheitstrends, einschließlich Krankheitsausbrüchen und Gesundheitsnachfrage, können sich politische Entscheidungsträger angemessen auf diese Szenarien vorbereiten und wirksame Strategien entwickeln.

Beispielsweise wurden während der COVID-19-Pandemie prädiktive Analysen zur Vorhersage von Infektionsraten eingesetzt, die als Grundlage für Entscheidungen über Sperrmaßnahmen, die Zuweisung von Krankenhausressourcen und die Verteilung von Impfstoffen dienten.

Arzneimittelentwicklung und personalisierte Medizin

Darüber hinaus kann prädiktive Analytik den Pharmasektor verändern, indem sie die Arzneimittelentwicklung rationalisiert und den Weg für personalisierte Medizin ebnet. Durch die Analyse klinischer Studiendaten können Dauer, Kosten und Erfolgsquote der Entwicklung neuer Medikamente deutlich verbessert werden. Durch die Untersuchung der genetischen Informationen des Patienten und seiner Reaktionen auf bestimmte Medikamente können maßgeschneiderte Behandlungen mit der höchsten Erfolgswahrscheinlichkeit entwickelt werden, die Nebenwirkungen minimieren und die Überlebensraten verbessern.

Vorhersagen zur psychischen Gesundheit

Predictive Analytics erweitert seine Vorteile auch auf den Bereich der psychischen Gesundheit. Psychische Erkrankungen wie Depressionen, Angstzustände und Schizophrenie können schwierig zu diagnostizieren sein. Durch prädiktive Analysen können mithilfe von Algorithmen für maschinelles Lernen mit historischen Patientendaten Muster identifiziert werden, die psychische Gesundheitszustände vorhersagen und frühzeitige, möglicherweise lebensrettende Interventionen ermöglichen können.

Prädiktive Analysen können zweifellos zu erheblichen Verbesserungen in vielen Bereichen der Gesundheitsbranche führen. Bei der Implementierung datengesteuerter Lösungen im Gesundheitswesen müssen jedoch stets Datenschutz und ethische Überlegungen im Vordergrund stehen. Während wir weiterhin die Kraft der Daten für zukünftige Erkenntnisse nutzen, müssen die Sicherung des Vertrauens der Patienten und die Wahrung ihrer Würde weiterhin oberste Priorität haben.

5.1 Gesundheitswesen

Die Rolle der Predictive Analytics im Gesundheitswesen kann nicht unterschätzt werden. Es hat die Idee der personalisierten Medizin in die Realität umgesetzt, indem es eine datengesteuerte klinische Entscheidungsfindung fördert, die Patientenerfahrung verbessert und die Gesundheitskosten senkt. Insbesondere hat die prädiktive Modellierung die Identifizierung von Patientenpopulationen mit hohem Risiko erleichtert, oft im Zusammenhang mit schweren chronischen Krankheiten wie Herzerkrankungen, Diabetes und Krebs.

Durch die Anwendung prädiktiver Analysen können Gesundheitsadministratoren elektronische Patientenakten (EHRs), medizinische Bildgebungsdaten, genetische Daten und sogar gesundheitsbezogene Social-Media-Daten analysieren, um Risiken zu stratifizieren. Dies ist für Gesundheitsdienstleister von immensem Wert, da 5 % der Patientenpopulation typischerweise etwa 50 % der Gesundheitskosten ausmachen. Die Identifizierung dieser Patienten, bevor unerwünschte Ereignisse auftreten, könnte nicht nur Leben retten, sondern auch enorme Kosten verursachen.

Darüber hinaus nutzen Gesundheitsorganisationen zunehmend prädiktive Analysen, um eine effiziente Ressourcenallokation sicherzustellen. Zum Beispiel die Verwaltung des Auf und Ab der Patientenaufnahmen, um eine optimale Auslastung und Personalausstattung sicherzustellen. Auch die Anwendung prädiktiver Analysen bei Krankenhauswiederaufnahmen hat begonnen, an Bedeutung zu gewinnen – die Fähigkeit, vorherzusagen, bei welchen Patienten ein erhöhtes Risiko besteht, innerhalb von 30 Tagen nach ihrer Entlassung in ein Krankenhaus zurückzukehren, könnte die Wiederaufnahmeraten und die entsprechenden Strafen erheblich senken.

5.2 Einzelhandel

Der Einzelhandel war einer der ersten Anwender von Predictive Analytics, und viele Unternehmen erkannten das Potenzial, das in den Milliarden von Datenpunkten steckt, die sie sammeln. Im Wesentlichen hilft Predictive Analytics Einzelhändlern dabei, das Kundenverhalten zu verstehen und vorherzusagen. Diese Vorhersagekraft kann eine Vielzahl strategischer Entscheidungen beeinflussen, z. B. welche Produkte auf Lager sind, welche rabattiert werden sollen, wie Angebote personalisiert werden und sogar wann Marketingnachrichten gesendet werden sollen.

Ausgestattet mit historischen Transaktionsdaten, demografischen Daten und Daten zum Social-Media-Verhalten können Einzelhändler zukünftige Trends vorhersagen, Warenkorbanalysen durchführen und vieles mehr. Dies trägt nicht nur dazu bei, den Kunden ein personalisiertes Einkaufserlebnis zu bieten, sondern erhöht auch die betriebliche Effizienz und Rentabilität.

Einer der beliebtesten Anwendungsfälle von Predictive Analytics im Einzelhandel ist die Nachfrageprognose. Durch die genaue Vorhersage der Nachfrage nach verschiedenen Produkten zu unterschiedlichen Zeiten und an unterschiedlichen Standorten können Einzelhändler ihre Lagerbestände optimieren, Fehlbestände und Überbestände reduzieren und die Umschlagshäufigkeit steigern.

5.3 Finanzen

Im Finanzsektor werden prädiktive Analysen eingesetzt, um Kreditrisiken zu bewerten, betrügerische Transaktionen aufzudecken, Cross-Selling und Up-Selling zu maximieren, die Wertentwicklung von Aktien vorherzusagen und Handelsstrategien zu optimieren.

Die Risikobewertung ist möglicherweise eine der wertvollsten Anwendungen der prädiktiven Analytik in diesem Sektor. Finanzinstitute können Vorhersagemodelle nutzen, um potenzielle Kreditnehmer hinsichtlich ihrer Wahrscheinlichkeit, mit einer Kreditzahlung in Verzug zu geraten, zu bewerten und einzustufen und so ihre Fähigkeit zu verbessern, Risiken zu mindern und Verluste zu verringern.

Im Bereich der Betrugserkennung können durch Predictive Analytics Muster und Auffälligkeiten erkannt werden, die auf betrügerisches Verhalten hindeuten könnten, und so Schäden verhindert werden, bevor sie eintreten. Darüber hinaus können prädiktive Analysen Anlagestrategien informieren, indem sie Markttrends vorhersagen und auf der Grundlage historischer Daten Einblick in die zukünftige Leistung geben.

5.4 Herstellung

Der verarbeitende Sektor ist bei der Wartung traditionell reaktiv – Maschinen werden repariert oder ersetzt, nachdem sie ausgefallen sind. Predictive Analytics hat das Potenzial, dieses Paradigma mithilfe von Predictive Maintenance umzukehren. Dabei werden Sensordaten genutzt, um Geräteausfälle vorherzusagen, bevor sie auftreten, und so Zeit für vorbeugende Maßnahmen zu gewinnen. Diese Verlagerung erhöht nicht nur die betriebliche Effizienz, sondern führt auch zu erheblichen Kosteneinsparungen, da ungeplante Ausfallzeiten in der Fertigung äußerst teuer sein können.

Prädiktive Analysen können auch einen Mehrwert für den Herstellungsprozess darstellen, indem sie die Lieferkette optimieren. Von der Bedarfsprognose über die Bestandsverwaltung bis hin zur Routenplanung können prädiktive Analysen die Effizienz steigern, Kosten senken und sogar die Umweltbelastung verringern.

Auswirkungen auf den Datenschutz, Erschwinglichkeitsbeschränkungen, Zustimmung der Stakeholder und Datenqualität gehören zu den Herausforderungen, die bei der branchenübergreifenden Anwendung prädiktiver Analysen bestehen. Allerdings überwiegen die potenziellen Vorteile diese Herausforderungen bei weitem. Unbestreitbar ist Predictive Analytics ein leistungsstarkes Tool, das Erkenntnisse und betriebliche Effizienz in einem breiten Spektrum von Sektoren fördern kann.

V.1. Predictive Analytics in der Gesundheitsbranche

Das Gesundheitswesen stellt einen bedeutenden Sektor dar, in dem der Einsatz prädiktiver Analysen die Art und Weise der Gesundheitsversorgung dramatisch verändert hat. Krankenhäuser, Kliniken und andere Gesundheitsdienstleister verwenden Vorhersagemodelle, um die Wahrscheinlichkeit bestimmter Patientenergebnisse zu ermitteln und auf der Grundlage dieser Daten fundiertere Entscheidungen zu treffen.

Vorsorge und Management chronischer Krankheiten

Prädiktive Analysen haben sich insbesondere bei der Vorsorge und dem Krankheitsmanagement als nützlich erwiesen, insbesondere bei chronischen Erkrankungen wie Diabetes, Herzerkrankungen und Krebs. Durch die Analyse von Patientendaten aus elektronischen Gesundheitsakten, Gentests und Lebensstilfaktoren können Vorhersagemodelle Patienten identifizieren, bei denen ein hohes Risiko für die Entwicklung dieser Krankheiten besteht. Gesundheitsdienstleister können dann proaktive Maßnahmen ergreifen, um diese Risiken zu mindern, beispielsweise durch individuelle Gesundheitsberatung und Anpassungen der Behandlungspläne.

Wiederaufnahmen von Patienten

Krankenhäuser sind mit erheblichen Kosten verbunden, sowohl finanziell als auch hinsichtlich der Qualität der Versorgung, die mit der Wiederaufnahme von Patienten verbunden sind. Prädiktive Analysen können Patienten mit hohem Risiko einer Wiedereinweisung erkennen und es Krankenhäusern ermöglichen, ressourcenintensive Interventionen gezielt durchzuführen und so unnötige Wiedereinweisungen effektiv und effizient zu reduzieren.

Krankenhausressourcenmanagement

Predictive Analytics spielt auch eine zentrale Rolle bei der Verwaltung von Krankenhausressourcen und der

Optimierung von Abläufen. Vorhersagemodelle können beispielsweise den Patientenfluss vorhersagen und Krankenhäuser dabei unterstützen, alles von der Bettenbelegung bis zur Planung von Operationen zu verwalten. Es hilft Gesundheitseinrichtungen, Wartezeiten zu verkürzen, die Patientenzufriedenheit zu verbessern und Ressourcen besser zu verteilen.

Arzneimittelentdeckung und -entwicklung

In der Pharmaindustrie wird Predictive Analytics in großem Umfang eingesetzt, um die Entdeckung und Entwicklung von Arzneimitteln zu beschleunigen. Durch die Analyse einer Kombination aus genetischen, klinischen und pharmakologischen Daten können Vorhersagemodelle potenzielle therapeutische Ziele hervorheben und vorhersagen, wie verschiedene Personen auf ein Medikament reagieren werden. Dieser Ansatz ist nicht nur schneller und kostengünstiger, sondern kann durch die Identifizierung der wirksamsten und sichersten Medikamente auch die Patientenergebnisse verbessern.

V.2. Predictive Analytics in der Finanzbranche

Die Finanzbranche ist ein wichtiger Anwender von Predictive Analytics und nutzt sie zur Risikobewertung, Erkennung betrügerischer Aktivitäten, Verbesserung der Kundenbeziehungen und Leistungssteigerung.

Risikomanagement

Finanzinstitute wie Banken und Versicherungen nutzen in erster Linie Vorhersagemodelle zur Risikobewertung und -steuerung. Wichtige Profile wie Kreditwürdigkeitsprüfung und

Versicherungsabschluss sind in hohem Maße auf Analysen angewiesen, um fundierte Entscheidungen zu treffen. Vorhersagemodelle helfen dabei, potenzielle Kreditausfälle in der Zukunft zu identifizieren, indem sie verschiedene Faktoren wie Zahlungshistorie, Kreditauslastung und andere damit verbundene Indikatoren analysieren.

Entdeckung eines Betruges

Predictive Analytics spielt eine entscheidende Rolle bei der Erkennung betrügerischer Aktivitäten in Echtzeit. Durch die Kombination verschiedener Tracking-Daten mithilfe von Algorithmen können Institutionen potenzielle Anomalien oder verdächtige Transaktionen erkennen und diese sofort zur Untersuchung markieren, wodurch möglicherweise Milliarden von Dollar durch Betrug verloren gehen.

Leistungsverbesserung

Die finanzielle Leistung kann durch den Einsatz prädiktiver Analysen erheblich verbessert werden. Vorhersagemodelle können Portfoliomanagern helfen, fundiertere Entscheidungen zu treffen, indem sie Markttrends und Anlegerverhalten antizipieren. Darüber hinaus unterstützt es Händler durch algorithmischen Handel, indem es historische Daten und Echtzeitdaten nutzt, um profitable Handelsmöglichkeiten vorherzusagen.

V.3. Predictive Analytics im Einzelhandel

Der Einzelhandel ist ein weiterer wichtiger Sektor, der prädiktive Analysen nutzt, um das Kundenverhalten zu verstehen und Geschäftsstrategien zu optimieren.

Bestandsverwaltung

Predictive Analytics kann unter Berücksichtigung von Variablen wie Saisonalität, Trends und Wirtschaftsindikatoren sehr genaue Prognosen darüber liefern, wie viel von einem bestimmten Produkt verkauft wird. Dadurch können Einzelhändler ihre Lagerbestände effektiver verwalten und Verschwendung aufgrund von Überbeständen oder Umsatzeinbußen aufgrund von Unterbeständen reduzieren.

Personalisiertes Marketing

Predictive Analytics hilft Einzelhändlern dabei, das Einkaufsverhalten und die Präferenzen ihrer Kunden zu verstehen. Durch die Analyse von Daten vergangener Käufe und Online-Surfgewohnheiten können Vorhersagemodelle auch das zukünftige Kaufverhalten vorhersagen. Dieser personalisierte Marketingansatz verbessert nicht nur das Kundenerlebnis, sondern erhöht auch den Umsatz und die Kundenbindung.

Dies sind nur einige Beispiele, die die Rolle von Predictive Analytics in verschiedenen Branchen veranschaulichen. Die potenziellen Anwendungsfälle sind nahezu unbegrenzt, und da sich die Technologie weiterentwickelt, wird ihre Anwendung immer weiter zunehmen. Predictive Analytics ist kein Luxus mehr, sondern eine Notwendigkeit für jedes Unternehmen, das in der heutigen datengesteuerten Welt wettbewerbsfähig bleiben möchte.

VI. Fallstudien: Erfolgreicher Einsatz von Predictive Analytics

Fallstudie 1: Netflix' sich weiterentwickelndes maschinelles Lernen

Netflix, der Streaming-Gigant, gilt als einer der bemerkenswertesten Erstanwender von Predictive Analytics. Netflix ist ein herausragendes Beispiel dafür, wie man prädiktive Analysen nicht nur einfach implementiert, sondern diese effektiv weiterentwickelt, um die Kundenzufriedenheit und das Benutzererlebnis zu verbessern und gleichzeitig den Umsatz zu steigern.

Im Jahr 2006 rief Netflix den „Netflix-Preis" ins Leben und vergab 1 Million US-Dollar an jeden, der ihm dabei helfen konnte, die Genauigkeit seiner Filmempfehlungsmaschine um 10 % zu verbessern. Es war ein Weckruf für die drastischen Schritte des Unternehmens, die Vorlieben seiner Zuschauer zu verstehen und ihnen genau das zu bieten, was sie wollen.

Die prädiktive Analyse wird bei Netflix in erster Linie durch seine fortschrittliche Empfehlungs-Engine genutzt. Algorithmen analysieren Kundendaten und historische Sehgewohnheiten und vergleichen sie mit Hunderttausenden Daten anderer Benutzer, um Inhalte vorzuschlagen, die dem Benutzer gefallen könnten. Dies ermöglicht es Netflix, Abonnenten zu binden, indem es ihnen stets Inhalte bietet, die sie ansprechend finden.

Die Erstellung maßgeschneiderter Inhalte auf Basis prädiktiver Analysen ist eine weitere Möglichkeit, wie Netflix diese Technologie nutzt. Ein herausragendes Beispiel ist die Entstehung der beliebten Serie House of Cards. Netflix beschloss, satte 100 Millionen US-Dollar für zwei Staffeln zu investieren, nachdem ihre Vorhersageanalysen gezeigt hatten, dass Nutzer, die die britische Version der Serie liebten, auch Kevin Spacey und David Fincher verehrten.

Das Predictive-Analytics-Modell berücksichtigt auch die regionale Inhaltsanpassung von Netflix. Mit seinem Schatz an weltweiten Benutzerdaten identifiziert Netflix die in verschiedenen Regionen beliebten Trends und kuratiert seine Inhalte entsprechend. Dies ermöglicht es ihnen, ein breites Publikum zu erreichen und die Bekanntheit der Plattform zu erhöhen.

Der Erfolg des Einsatzes von Predictive Analytics bei Netflix zeigt sich nicht nur in der beeindruckenden Abonnentenzahl von über 200 Millionen, sondern auch in seinem Wettbewerbsvorteil gegenüber anderen Medien-Streaming-Plattformen. Es zeigt eindrucksvoll die Leistungsfähigkeit und das Potenzial von Predictive Analytics bei optimaler Nutzung, indem es den Verbrauchern personalisierte Erlebnisse bietet und ihre Loyalität stärkt.

Fallstudie 2: American Express identifiziert hochwertige Kunden

American Express, eines der weltweit größten Kreditkartenunternehmen, nutzt prädiktive Analysen, um potenzielle Kunden zu identifizieren und anzusprechen. Ihr prädiktives Analysemodell hilft ihnen, das Verhalten ihrer Kunden, ihre Ausgabegewohnheiten und ihre Kreditwürdigkeit zu verstehen und sogar die zukünftige Loyalität vorherzusagen.

Ein Beispiel für den Einsatz prädiktiver Analysen ist die Erstellung eines hochentwickelten Vorhersagemodells, das historische Transaktionen analysiert und Muster identifiziert, die mit gefälschten Gebühren verbunden sind. Mithilfe des

Modells können sie vorhersagen, ob eine neue Transaktion, sei es von einem bestehenden oder neuen Kunden, betrügerisch ist. Dies reduziert ihr Risiko deutlich und verbessert ihren Service gegenüber echten Kunden.

Ein weiterer Einsatzzweck war die Kundenbindung. American Express nutzt prädiktive Analysen, um Kunden zu identifizieren, die dem Unternehmen treu geblieben sind, eine gute Bonitätshistorie haben und regelmäßig mit ihrer Kreditkarte Geld ausgeben. Anschließend bieten sie diesen Kunden exklusive Angebote, Privilegien und Vorteile an, um ihre Zufriedenheit zu steigern und die Abwanderung zu verringern.

Der Erfolg des Predictive-Analytics-Modells von American Express ist ein weiterer Beweis für das immense Potenzial von Predictive Analytics. Ihre erfolgreiche Ansprache und Bindung hochwertiger Kunden, Taktiken zur Risikominderung und die Fähigkeit, betrügerische Aktivitäten zu erkennen, haben ihnen einen erheblichen Wettbewerbsvorteil in der Kreditkartenbranche verschafft.

Fallstudie 3: Googles Grippetrends: Vorhersage der öffentlichen Gesundheit

Im Jahr 2008 startete Google eine Initiative namens Google Flu Trends (GFT), um die Ausbreitung der Grippe durch die Auswertung von Suchanfragendaten zu überwachen. Sie verwendeten große Datenmengen, die aus Suchbegriffen im Zusammenhang mit der Grippe gesammelt wurden, um Grippeausbrüche schneller vorherzusagen als mit den traditionellen Systemen, die von Gesundheitsorganisationen wie den Centers for Disease Control and Prevention (CDC) verwendet werden.

Obwohl GFT seine Schwierigkeiten und Kontroversen hatte und schließlich im Jahr 2015 eingestellt wurde, öffnete es die Welt für den potenziellen Einsatz prädiktiver Analysen zur Bereitstellung von Erkenntnissen über die öffentliche Gesundheit. Die Idee, leicht zugängliche Echtzeitdaten zu nutzen, um den Anstieg und die Ausbreitung von Krankheiten zu überwachen und vorherzusagen, hat Fortschritte in diesem Bereich vorangetrieben und dazu geführt, dass eine Vielzahl von Unternehmen und Organisationen ähnliche Methoden zur Krankheitsvorhersage und -prävention einsetzen.

Diese Fallstudien veranschaulichen das enorme Potenzial von Predictive Analytics in verschiedenen Branchen, um Trends aufzudecken, Risiken zu mindern, Dienstleistungen zu verbessern, Inhalte zu personalisieren und Krankheiten vorzubeugen. Da Unternehmen weiterhin mehr Daten sammeln und analysieren, ist es klar, dass Predictive-Analytics-Techniken für den Geschäftserfolg noch wichtiger werden.

VI.A Fallstudie: Amazon und Predictive Analytics

Amazon, ein globaler E-Commerce-Spezialist, ist ein großartiges Beispiel für den Einsatz von Predictive Analytics für herausragende Geschäftsergebnisse. Amazon nutzt prädiktive Analysen, um seinen Hunderten Millionen Nutzern weltweit Produkte zu empfehlen, was zu höherer Nutzerzufriedenheit, höheren Umsätzen und kontinuierlichem Geschäftswachstum führt.

VI.A.1 Datenerfassung und -verwaltung

Amazon verfügt über mehrdimensionale Daten, die Informationen über die Kaufgewohnheiten der Kunden, Suchmuster auf der Website, Wunschlisten, Warenkörbe, Retouren und sogar darüber enthalten, wie lange Benutzer mit der Maus über bestimmte Artikel fahren. Sie sammeln Big Data aus jeder Kundeninteraktion, über mehrere Plattformen und Touchpoints hinweg. Diese Daten werden dann in riesigen cloudbasierten Systemen kategorisiert, gespeichert und verarbeitet, um ihre Verfügbarkeit für eine eingehende Analyse sicherzustellen.

VI.A.2 Produktempfehlungen

Amazon nutzt in großem Umfang prädiktive Analysen, um personalisierte Produktempfehlungen bereitzustellen. Wenn sich ein Kunde anmeldet, führen Vorhersagemodelle eine Echtzeitanalyse der Kundendaten anhand einer Produktdatenbank durch und erstellen so eine personalisierte Liste von Produkten, die ihn wahrscheinlich ansprechen. Dies trägt nicht nur zur Steigerung der Kundenzufriedenheit bei, sondern erhöht auch den Wert ihres Warenkorbs.

VI.A.3 Bestandsverwaltung

Auch bei der Bestandsverwaltung setzt Amazon prädiktive Analysen ein. Sie analysieren Daten zur Kaufhistorie, aktuellen Trends, Saisonalität usw., um die Nachfrage nach verschiedenen Produkten vorherzusagen. Auf dieser Grundlage gleichen sie ihre Bestände in verschiedenen Lagern aus. Dies trägt erheblich dazu bei, die Kosten im Zusammenhang mit Überbeständen und Umsatzeinbußen aufgrund von Unterbeständen zu reduzieren.

VI.A.4 Betrugserkennung

In der E-Commerce-Branche sind betrügerische Transaktionen ein großes Problem. Amazon nutzt Predictive Analytics, um betrügerische Aktivitäten zu erkennen. Durch den Vergleich aktueller Transaktionsdaten mit historischen Betrugsmustern tragen ihre Modelle dazu bei, potenziell betrügerische Transaktionen zu identifizieren, wodurch Verluste minimiert und das Vertrauen der Verbraucher gestärkt werden.

VI.A.5 Verbesserung der Benutzererfahrung

Auch Amazon nutzt Predictive Analytics, um das Benutzererlebnis auf seiner Website zu verbessern. Sie analysieren Benutzerverhaltensdaten wie Clickstream, Suchverlauf, Seitenverweildauer usw. Mithilfe dieser Daten personalisieren sie Website-Design, Produktplatzierungen und Werbebotschaften für einzelne Benutzer.

VI.A.6 Fazit

Durch die Nutzung der Möglichkeiten prädiktiver Analysen hat Amazon die E-Commerce-Branche revolutioniert. Die durch prädiktive Analysen gewonnenen tiefgreifenden Erkenntnisse haben die Kosten erheblich gesenkt, den Gewinn maximiert und die Kundenzufriedenheit erheblich verbessert. Diese Fallstudie verdeutlicht das enorme Potenzial von Predictive Analytics, wenn es mit einer strategischen Vision richtig umgesetzt wird.

Dieser Fall unterstreicht auch, dass die Nutzung der Leistungsfähigkeit von Predictive Analytics nicht nur eine riesige Datenmenge erfordert, sondern auch die richtigen Tools, um diese Daten zu analysieren und wertvolle Erkenntnisse zu gewinnen. Es ist offensichtlich, dass Investitionen in Predictive Analytics für Unternehmen äußerst profitabel sein können, sie erfordern jedoch ein tiefes Verständnis des Fachgebiets und einen strategischen Ansatz für die Umsetzung.

Die Amazon-Fallstudie ist kein Einzelfall im Einsatz von Predictive Analytics. In den folgenden Unterabschnitten werden wir uns andere Unternehmen ansehen, die Predictive Analytics für bemerkenswerte Erfolge in ihren jeweiligen Branchen genutzt haben.

Bleiben Sie auf dem Laufenden und erfahren Sie, wie andere Branchenführer die Leistungsfähigkeit von Predictive Analytics nutzen!

Fallstudie 1: Netflix – Predictive Analytics für personalisierte Empfehlungen

Eines der erfolgreichsten und anschaulichsten Beispiele für den Einsatz prädiktiver Analysen stammt vom Online-Streaming-Riesen Netflix. Der Erfolg von Netflix ist größtenteils auf den Einsatz prädiktiver Analysen zurückzuführen, mit denen das Unternehmen seinen 200 Millionen Nutzern auf der ganzen Welt personalisierte Inhaltsempfehlungen liefert.

Netflix verwendet ein Vorhersagemodell, das täglich Hunderte Milliarden Datenpunkte analysiert. Dieses Modell kombiniert vom Benutzer bereitgestellte explizite Daten, wie z. B. seinen Sehverlauf und seine Bewertungen, mit impliziten Daten, wie z. B. Surfverhalten und

Sehgewohnheiten, um vorherzusagen, was ein Benutzer als Nächstes sehen möchte, bevor er es selbst überhaupt weiß.

Verwendung von Predictive Analytics

Die Analyse-Engine von Netflix verwendet keine herkömmliche Demografie oder Geografie, um Empfehlungen anzubieten. Stattdessen gruppiert es Benutzer basierend auf ihrem Sehgeschmack, unabhängig von ihrem Standort. Der Algorithmus lernt weiter und verfeinert seine Vorhersagen mit jeder Interaktion und jedem Datenpunkt. Netflix nutzt sogar Predictive Analytics, um zu entscheiden, welcher Film und welche Serie produziert werden soll. Daten deuten beispielsweise darauf hin, dass eine erhebliche Überschneidung der Abonnenten, die politische Dramen liebten, auch den Oscar-nominierten Schauspieler Kevin Spacey und den Regisseur David Fincher bevorzugte. Daher gab Netflix grünes Licht für die Produktion des politischen Dramas „House of Cards" mit Spacey und Fincher, das ein großer Erfolg wurde.

Durch den Einsatz prädiktiver Analysen konnte Netflix seine Abwanderungsraten erheblich senken, indem sichergestellt wurde, dass Benutzer immer die Inhalte finden, an denen sie interessiert sind, ohne viel Zeit beim Stöbern zu verschwenden. Dies führt auch zu einer höheren Kundenzufriedenheit und höheren Sehstunden, was den Umsatz von Netflix direkt steigert.

Der Aufprall

Bei der Anwendung von Predictive Analytics durch Netflix geht es nicht nur darum, die richtigen Inhalte zu empfehlen, sondern auch darum, das Engagement im Laufe der Zeit aufrechtzuerhalten und zu steigern. Es wird geschätzt, dass das Unternehmen durch seine personalisierte Empfehlungsmaschine jährlich 1 Milliarde Dollar einspart.

Darüber hinaus hat der Einsatz prädiktiver Analysen bei der Entscheidungsfindung bei der Inhaltsproduktion auch für Netflix positive Ergebnisse gebracht. Sendungen wie „House of Cards" und „Orange is the New Black" wurden auf der Grundlage von Erkenntnissen aus Vorhersagemodellen in Auftrag gegeben, erlangten enorme Popularität und zogen Millionen neuer Abonnenten an.

gewonnene Erkenntnisse

Diese Fallstudie bietet mehrere Erkenntnisse, die auf verschiedene Sektoren angewendet werden können:

1. **Verbessertes Kundenerlebnis** : Prädiktive Analysen können das Benutzererlebnis durch die Bereitstellung personalisierter und zielgerichteter Inhalte erheblich verbessern. Ein besseres Erlebnis führt zu einer höheren Kundenbindung und geringeren Abwanderungsraten.
2. **Datengesteuerte Entscheidungsfindung** : Der Einsatz prädiktiver Analysen zur Entscheidungsfindung kann zu genaueren und effizienteren Entscheidungen führen und möglicherweise Ressourcen und Kosten sparen, indem die mit intuitiver Entscheidungsfindung verbundenen Risiken minimiert werden.
3. **Kontinuierliches Lernen** : Vorhersagemodelle sind nicht statisch – sie lernen und verbessern sich mit jedem zusätzlichen Datenpunkt und stellen so sicher, dass Vorhersagen im Laufe der Zeit verfeinert und aktualisiert werden.

Zusammenfassend lässt sich sagen, dass der erfolgreiche Einsatz von Predictive Analytics durch Netflix die Leistungsfähigkeit von Daten zeigt und zeigt, wie diese genutzt werden können, um nicht nur die Erwartungen der Kunden zu übertreffen, sondern auch strategische Geschäftsentscheidungen zu leiten.

Fallstudie 1: Starbucks – Maßgeschneiderte Kundenerfahrung mit Predictive Analytics

Starbucks, eine der weltweit beliebtesten Kaffeehausketten, ist ein hervorragendes Beispiel für ein Unternehmen, das prädiktive Analysen effektiv nutzt, um das Kundenerlebnis zu verbessern.

Kundenpräferenzen verstehen

Der erste Schritt, den Starbucks zur Nutzung seiner Daten unternahm, war die Einführung von „Starbucks Rewards", einem Treueprogramm, das Kunden dazu ermutigt, Einkäufe gegen Prämienpunkte zu tätigen. Laut einem Bericht von BI Intelligence umfasste dieses Programm eine mobile App, die über 19 Millionen Mal heruntergeladen wurde. Beim Abschluss von Transaktionen über dieses System lieferten Kunden eine erhebliche Menge an einvernehmlichen Daten über ihre Kaufhistorie und ihr Kaufverhalten.

Durch das Sammeln und Analysieren dieser Daten konnte Starbucks die Vorlieben jedes einzelnen Kunden besser verstehen, beispielsweise seine bevorzugten Getränke, Speisen und Geschäftsstandorte sowie die Häufigkeit und Zeit seiner Besuche.

Implementierung von Vorhersagemodellen

Nachdem Starbucks ein klares Verständnis seines Kundenverhaltens erlangt hatte, entwickelten sie Vorhersagemodelle, die es ihnen ermöglichten, das zukünftige Kundenverhalten auf der Grundlage historischer Daten vorherzusagen.

Durch die Analyse von Mustern und Trends in den Daten können die Vorhersagemodelle von Starbucks Erkenntnisse darüber liefern, welche neuen Produkte wahrscheinlich erfolgreich sein werden, welche Art von Werbeangeboten das Kundeninteresse wecken würden und wie sich Änderungen im Preis oder in der Ladenverfügbarkeit auf den Umsatz auswirken können.

Dadurch konnte Starbucks datengesteuerte Entscheidungen über Produktentwicklung, Marketingstrategien und Bestandsverwaltung treffen und so seine betriebliche Effizienz und Rentabilität steigern.

Personalisierung durch Predictive Analytics

Das Predictive-Analytics-Modell könnte auch die Wahrscheinlichkeit abschätzen, mit der ein bestimmter Kunde einen bestimmten Artikel zu einem bestimmten Zeitpunkt oder an einem bestimmten Ort kauft, wodurch Starbucks ein hochgradig personalisiertes Kundenerlebnis bieten kann.

Starbucks nutzte diese Erkenntnisse, um seine Marketingkampagnen zu personalisieren und über seine mobile App individuelle Angebote direkt an die Kunden zu liefern. Darüber hinaus wurden die Daten verwendet, um das Kundenerlebnis in den physischen Filialen zu personalisieren und sicherzustellen, dass beliebte Artikel den Kunden immer zur Verfügung standen, während weniger beliebte Artikel aus dem Sortiment genommen oder ersetzt werden konnten.

Die Erfolgsgeschichte

Der Einsatz prädiktiver Analysen durch Starbucks verwandelte Daten in umsetzbare Erkenntnisse und ermöglichte es dem Unternehmen, in einem wettbewerbsintensiven Markt an der Spitze zu bleiben. Es hat dazu beigetragen, die Kundenbindung zu stärken, den Umsatz zu steigern und das Wachstum voranzutreiben.

In einer Präsentation für Investoren erklärte Patrick Grismer, CFO von Starbucks, dass ihre gezielten Marketingbemühungen, angetrieben durch prädiktive Analysen, zu einem satten Anstieg der vergleichbaren US-Ladenumsätze im zweiten Quartal 2019 um 2 % beigetragen haben.

Die Starbucks-Fallstudie zeigt deutlich, wie Predictive Analytics Unternehmen dabei helfen kann, das Kundenverhalten auf granularer Ebene zu verstehen, zukünftige Trends vorherzusagen, Abläufe zu verbessern und ein personalisiertes Kundenerlebnis zu gestalten.

Abschluss

Offensichtlich ist der erfolgreiche Einsatz von Predictive Analytics bei Starbucks eine hervorragende Fallstudie für Unternehmen, die die Leistungsfähigkeit von Daten für zukünftige Erkenntnisse nutzen möchten. Es zeigt, wie Unternehmen Predictive-Analytics-Modelle nutzen können, um die Kundenbindung zu stärken, Verschwendung zu reduzieren und den Umsatz zu steigern. Diese wertvolle Lektion lässt sich auch auf Unternehmen in anderen Branchen übertragen und macht Predictive Analytics zu einem unverzichtbaren Werkzeug in der datengesteuerten Geschäftswelt.

Fallstudie 1: Coca-Cola und die Leistungsfähigkeit prädiktiver Analysen

Auf seinem Weg zu einer weltbekannten Marke hat Coca-Cola stets auf modernste Technologie gesetzt, um seine Geschäftsabläufe zu verbessern. Zuletzt hat diese technologische Renaissance die Form eines tiefen Einblicks in die prädiktive Analytik angenommen, der es Coca-Cola ermöglicht, seine Kunden auf granularer Ebene zu verstehen.

Das Problem

Das Wachstum eines Unternehmens ist von Natur aus ein herausfordernder Prozess, und Coca-Cola stand vor mehreren gewaltigen Hürden. Erstens machte es die enorme Größe des Kundenstamms schwierig, die Menge der vorhandenen Kundendaten zu analysieren. Darüber hinaus war es keine leichte Aufgabe, den Überblick über sich ändernde Kundenpräferenzen für verschiedene Produkte zu behalten. Ohne die richtigen Lösungen könnten diese Probleme das Wachstum von Coca-Cola behindern und seine Wettbewerbsfähigkeit auf einem hart umkämpften globalen Markt beeinträchtigen.

Die Lösung

Um diese Herausforderungen zu meistern, wandte sich Coca-Cola der prädiktiven Analyse zu, um die dichte Kaskade an Verbraucherdaten zu analysieren. Durch den Einsatz von Algorithmen für maschinelles Lernen und Datenanalysen begann das Unternehmen, Trends im Verbraucherverhalten vorherzusagen und so fundierte Entscheidungen zu treffen.

Um den Prozess zu starten, sammelte Coca-Cola frühere Kundendaten, darunter historische Kaufmuster, Saisonalität der Käufe und Reaktionen auf frühere Marketingkampagnen. Sie sammelten auch Daten zu demografischen Faktoren wie Alter, Geschlecht und Standort. Diese Datensätze wurden dann in Algorithmen für maschinelles Lernen eingespeist, um Vorhersagemodelle zu erstellen.

In einem ihrer Projekte nutzte Coca-Cola beispielsweise prädiktive Analysen, um die Ernteerträge von Orangen vorherzusagen. Dies half dem Unternehmen, seine Orangensaftproduktion effizient zu verwalten, Abfall zu minimieren und die Kosteneffizienz zu verbessern.

Die Umsetzung

Die Implementierung von Predictive Analytics bei Coca-Cola erforderte eine Änderung des Datenansatzes des Unternehmens. Die Transformation beinhaltete sowohl einen kulturellen Wandel – das Unternehmen setzte auf datengesteuerte Entscheidungsfindung – als auch einen technologischen Wandel – durch den Einsatz fortschrittlicher Algorithmen für maschinelles Lernen und Analysetools.

Der Schlüssel zu dieser Transformation war die Investition in den Aufbau interner Datenanalysetalente. Coca-Cola schulte sein technisches Personal darin, Erkenntnisse aus Daten zu gewinnen und Vorhersagemodelle zu implementieren. Darüber hinaus arbeitete das Unternehmen mit externen Partnern zusammen, um sein Fachwissen zu erweitern.

Die Ergebnisse

Dank Predictive Analytics gelang es Coca-Cola, aus seinen Verbraucherdaten ein beispielloses Maß an Erkenntnissen abzuleiten. Die Vorhersagemodelle halfen dem Unternehmen, den Geschmack seiner Kunden genau zu verstehen und so personalisierte Marketingkampagnen durchzuführen.

Darüber hinaus konnte der Getränketitan durch die Vorhersage zukünftiger Trends die Lagerbestände optimieren und Verluste durch Überproduktion weniger beliebter Produkte minimieren. Es führte auch zu einer höheren Effizienz der Lieferkette, wie beispielsweise beim Orangensaftprojekt, was zu erheblichen Kosteneinsparungen führte.

Die Unterrichtsstunden

Der Erfolg von Coca-Cola dient als hervorragende Fallstudie, die die Leistungsfähigkeit von Predictive Analytics veranschaulicht. Es unterstreicht, dass Investitionen in prädiktive Analysen erhebliche Vorteile für Unternehmen mit sich bringen können – von der Verbesserung des

Kundenverständnisses bis hin zur Optimierung der Lieferkettenabläufe.

Die vielleicht größte Erkenntnis aus dieser Fallstudie ist, wie wichtig die Bereitschaft eines Unternehmens ist, Daten zu nutzen und in den Aufbau analytischer Fähigkeiten zu investieren. Dies erfordert sowohl kulturelle als auch technologische Veränderungen, aber wie Coca-Cola gezeigt hat, kann die Rendite solcher Investitionen erheblich sein.

VII. Entwicklung eines Predictive Analytics Frameworks

7.1 Aufbau eines strategischen Predictive Analytics Frameworks

Ein überzeugendes Predictive-Analytics-Framework ist mehr als nur eine Mischung aus statistischen Tools und Techniken. Es erfordert einen strategischen, strukturierten Ansatz zur Nutzung von Daten für die Entscheidungsfindung. Dieser Unterabschnitt bietet einen umfassenden Leitfaden zur Entwicklung eines robusten Predictive-Analytics-Frameworks.

7.1.1 Geschäftsziele definieren

Die Einrichtung eines Predictive-Analytics-Frameworks muss immer mit der klaren Definition der Geschäftsziele beginnen. Die Bedeutung dieses Prozesses kann nicht genug betont werden, da er die Grundlage für den gesamten Analysevorgang bildet. Anschließend erleichtert es die Identifizierung von Key Performance Indicators (KPIs), die zur Messung des Fortschritts bei der Erreichung Ihrer Geschäftsziele verwendet werden können.

7.1.2 Identifizieren relevanter Datenquellen

Als nächstes ist es wichtig zu ermitteln, welche Datenquellen verfügbar und nützlich sind, um Ihre erklärten Ziele zu erreichen. Daten können aus internen Quellen – wie Datenbanken, Unternehmenssoftware und -systemen – oder aus externen Quellen wie sozialen Medien, Anbieterdatenbanken oder Drittanbietern stammen. Es ist auch wichtig, den Bedarf an strukturierten und unstrukturierten Daten zu ermitteln.

7.1.3 Datenerfassung und -integration

Die Datenerfassung ist ein sorgfältiger Prozess, bei dem die identifizierten Datenquellen erfasst werden. Strategien zur Datenerfassung reichen von der Einrichtung von APIs bis zum Scraping von Daten von Webseiten. Anschließend müssen die gesammelten Daten aus verschiedenen Quellen integriert werden, was häufig den Umgang mit Diskrepanzen in Formaten, Granularität oder Terminologie erfordert.

7.1.4 Datenbereinigung und -transformation

Die Sauberkeit der Daten wirkt sich direkt auf die Zuverlässigkeit der Analysen aus. Dabei geht es um die Prüfung und Lösung von Problemen im Zusammenhang mit fehlenden Werten, Inkonsistenzen oder Anomalien in den gesammelten Daten. Anschließend wird eine Datentransformation durchgeführt, um die bereinigten Daten in ein geeignetes Format für die Modellierung umzuwandeln. Dies kann Aktivitäten wie Normalisierung, Kodierung kategorialer Variablen oder Zeitreihenkonvertierung umfassen.

7.1.5 Explorative Datenanalyse

Vor der Modellerstellung ist es wichtig, Ihre Daten zu untersuchen und zu verstehen. Bei der explorativen Datenanalyse (EDA) geht es darum, Datenverteilungen zu visualisieren, Korrelationen zu identifizieren und Ausreißer zu erkennen. Es klärt den Datenwissenschaftler über die zugrunde liegenden Strukturen und Muster in den Daten auf und liefert wichtige Erkenntnisse, die die Modellerstellung leiten.

7.1.6 Modellbildung und Bewertung

Die Modellbildung ist das Herzstück der prädiktiven Analyse und umfasst unter anderem Techniken wie Regression, Entscheidungsbäume oder neuronale Netze. Die gewählte Methode hängt von der Art der Daten und dem Geschäftsproblem ab. Nach der Entwicklung muss die Leistung des Modells je nach Problemkontext anhand relevanter Metriken wie Genauigkeit, Präzision, Rückruf oder ROC AUC bewertet werden.

Darüber hinaus müssen Konzepte wie Modellvalidierung und Überanpassung gewürdigt werden. Bei der Validierung werden Ihre Daten in einen Trainingssatz für das Lernen des Modells und einen Testsatz für die Bewertung aufgeteilt. Dadurch wird sichergestellt, dass die Leistung des Modells unabhängig vom Lernen bewertet wird. Überanpassung hingegen bezieht sich darauf, dass sich ein Modell so gut an die Trainingsdaten anpasst, dass es bei unsichtbaren Daten schlecht abschneidet.

7.1.7 Bereitstellung und Überwachung

Sobald das Modell zufriedenstellend bewertet wurde, wird es in der Geschäftsumgebung eingesetzt und in Abläufe oder Entscheidungsprozesse integriert. Die Bereitstellung ist jedoch nicht der Endpunkt des Frameworks. Die Leistung des Modells muss kontinuierlich überwacht werden, um sicherzustellen, dass seine Vorhersagekraft angesichts der dynamischen Natur der Daten über einen längeren Zeitraum zuverlässig bleibt.

Ein Predictive-Analytics-Framework erfordert daher einen strategischen End-to-End-Ansatz, der den gesamten Analytics-Lebenszyklus von der Zielbestimmung bis zur Modellbereitstellung und -überwachung abdeckt. Diese Beschreibung liefert Ihnen die Grundlage für die Anpassung eines Frameworks, das an Ihre Geschäftsumstände angepasst ist, um das immense Vorhersagepotenzial Ihrer Daten zu nutzen.

VII.1. Die Notwendigkeit eines Predictive Analytics Framework verstehen

Bevor wir uns mit den technischen Einzelheiten der Entwicklung eines Predictive Analytics (PA)-Frameworks befassen, ist es wichtig zu verstehen, was es ist und warum es in der heutigen Geschäftswelt ein so wichtiges Werkzeug ist. Predictive Analytics ist eine fortschrittliche Form der Datenanalyse, die Daten, statistische Algorithmen, Techniken des maschinellen Lernens und künstliche Intelligenz nutzt, um zukünftige Ergebnisse auf der Grundlage vergangener Trends vorherzusagen. Durch die Nutzung vergangener Leistungen zur Vorhersage künftigen Verhaltens bieten prädiktive Analysen Unternehmen umsetzbare Erkenntnisse und die Möglichkeit, proaktive Entscheidungen zu treffen.

Ein Predictive Analytics-Framework ist ein strukturierter Satz von Richtlinien oder Protokollen, der Unternehmen bei der Implementierung von Predictive Analytics unterstützt. Es bietet einen standardisierten Prozess, der Konsistenz und Zuverlässigkeit der Analyseergebnisse gewährleistet. Ein gut aufgebautes PA-Framework stellt sicher, dass Sie Vorhersagen nicht nur zum Selbstzweck erstellen. Stattdessen nutzen Sie diese Prognosen, um sinnvolle Veränderungen voranzutreiben und die betriebliche Effizienz in Ihrem Unternehmen zu optimieren.

VII.2. Komponenten eines Predictive Analytics Framework

Der Aufbau eines PA-Frameworks beginnt mit dem Verständnis seiner wesentlichen Komponenten:

1. **Datenerfassung** : Dies ist die Grundlage des Frameworks. In dieser Phase werden für den Studien- oder Vorhersagebereich relevante Daten aus verschiedenen internen und externen Quellen gesammelt.
2. **Datenvorverarbeitung** : Hier werden die gesammelten Daten bereinigt und in ein für die Analyse geeignetes Format umgewandelt. Dieser Schritt umfasst häufig den Umgang mit fehlenden Werten, das Entfernen von Ausreißern, die Feature-Skalierung und die Pflege duplizierter Daten.
3. **Datenanalyse** : Dieser Schritt umfasst explorative Analysen, um Einblicke in die Daten zu gewinnen und die zugrunde liegenden Muster und Trends zu verstehen.

4. **Modellierung** : Hierbei werden je nach Problemstellung geeignete Vorhersagemodelle ausgewählt und zum Aufbau des Predictive-Analytics-Modells verwendet.
5. **Validierung** : Hierbei wird das erstellte Modell anhand einer Reihe von Daten (Testdatensätzen) getestet, um seine Fähigkeit zu validieren, mögliche Ergebnisse effektiv vorherzusagen.
6. **Bereitstellung** : Nach der Validierung wird das Modell in den Betriebssystemen bereitgestellt, um mit der Generierung von Vorhersagen zu beginnen.
7. **Überwachung und Wartung** : Dies ist ein fortlaufender Prozess, der dazu beiträgt, sicherzustellen, dass das Modell über einen längeren Zeitraum hinweg relevant bleibt. Die Leistung des Modells wird regelmäßig überwacht und bei Bedarf Anpassungen vorgenommen.

VII.3. Geschäftsziele definieren

Der erste Schritt bei der Entwicklung eines Predictive Analytics-Frameworks besteht darin, klare Geschäftsziele zu definieren. Was möchten Sie mit Ihren Daten erreichen? Verbessert es die Kundenbindung, optimiert es Marketingstrategien oder prognostiziert es zukünftige Verkäufe? Durch die Definition Ihrer Ziele können Sie ermitteln, welche Daten erfasst werden müssen, welche Methoden zu verwenden sind und aussagekräftige Ergebnisse erzielen.

VII.4. Teambildung

Der nächste wichtige Schritt besteht darin, ein Team mit den erforderlichen Fähigkeiten zusammenzustellen. Dieses Team sollte vorzugsweise aus Datenwissenschaftlern,

Experten für maschinelles Lernen, Dateningenieuren, Geschäftsanalysten und Fachexperten bestehen. Dieses vielfältige Team gewährleistet einen umfassenden Ansatz für Predictive Analytics und bringt unterschiedliche Fachkenntnisse und Perspektiven zusammen.

VII.5. Datenmanagement und Governance

Sobald die Daten erfasst sind, ist es wichtig, dass Sie sie ordnungsgemäß verwalten und verwalten. Dies bedeutet, die Datenqualität aufrechtzuerhalten, Datenschutz und Sicherheit zu gewährleisten und sich ständig weiterentwickelnde Vorschriften einzuhalten.

Letztendlich erfordert die Entwicklung eines umfassenden Predictive Analytics-Frameworks möglicherweise erhebliche Ressourcen und Zeit, aber der Wert, den es Ihrem Unternehmen auf lange Sicht bringt, übersteigt die anfänglichen Kosten. Es gibt Ihrem Unternehmen die Möglichkeit, potenzielle Herausforderungen und Chancen vorherzusehen und datengesteuerte Entscheidungen zu treffen, die für Wachstum und Nachhaltigkeit von entscheidender Bedeutung sind.

7.1 Die Rolle von Daten im Predictive Analytics Framework verstehen

Predictive Analytics ist ein leistungsstarkes Tool, das auf der Prämisse basiert, dass die Vergangenheit die Zukunft beeinflussen kann. Durch die Analyse historischer Daten können wir zukünftige Ergebnisse modellieren und vorhersagen und so Unternehmen dabei helfen, fundierte

Entscheidungen auf der Grundlage erwarteter Szenarien zu treffen. Entscheidend für den Erfolg dieses Ansatzes ist ein robustes Predictive Analytics Framework, dessen Herzstück Daten sind. In diesem Kapitel geht es um die Bedeutung von Daten bei der Entwicklung eines Frameworks und um Hinweise zur effektiven Nutzung dieser Daten.

7.1.1 Datenanatomie in Predictive Analytics

Daten sind das Fundament, auf dem die prädiktive Analyse aufbaut. Es ist die Sprache, mit der Computer die Welt verstehen, und das Rohmaterial, aus dem Erkenntnisse gewonnen werden. Im Wesentlichen können Daten in einem Predictive-Analytics-Kontext basierend auf ihrer Rolle im Vorhersageprozess in drei Haupttypen eingeteilt werden:

- **Rohdaten** : Dabei handelt es sich um die unverarbeiteten Informationen, die aus verschiedenen Quellen gesammelt werden. Dabei kann es sich unter anderem um Daten zum Kundenverhalten auf einer Website, Verkaufsdaten, Marketingdaten, Umweltdaten bis hin zu Social-Media-Beiträgen handeln.
- **Verarbeitete Daten** : Dies sind die Daten, die für die weitere Analyse bereinigt und manipuliert wurden. Beim Bereinigen kann es sich um das Entfernen oder Beheben von Fehlern, das Behandeln fehlender Werte oder das Beheben von Inkonsistenzen handeln.
- **Ausgabedaten** : Dies ist das Endprodukt des Vorhersageanalyseprozesses. Es umfasst die Vorhersagen und Erkenntnisse aus den verarbeiteten Daten, die die Entscheidungsfindung beeinflussen.

7.1.2 Der Datenerfassungsprozess

Effektive prädiktive Analysen beginnen mit der Datenerfassung. Ziel ist es, möglichst viele relevante und qualitativ hochwertige Daten zu sammeln.

- Eine Technik zum Sammeln von Daten ist das Data Mining, bei dem aus großen Datensätzen aktiv nützliche Informationen extrahiert werden. Um dies effizient zu tun, sind eine gründliche Planung und die richtigen technologischen Ressourcen erforderlich.
- Ein anderer Ansatz umfasst Big-Data-Technologien zur Verarbeitung von Daten mit hohem Volumen, hoher Geschwindigkeit, großer Vielfalt und hoher Wahrhaftigkeit (die vier Vs von Big Data).
- Auch Umfragen und Fragebögen können eine zuverlässige Datenquelle darstellen, insbesondere für die Erhebung qualitativer Daten über Kundenpräferenzen und -verhalten.

Es ist von entscheidender Bedeutung, dass die gesammelten Daten repräsentativ, genau und relevant sind, um zu vermeiden, dass Modelle erstellt werden, die verzerrt sind oder keine Vorhersagekraft haben.

7.1.3 Datenvorbereitung und Vorverarbeitung

Sobald die Daten erfasst sind, besteht der nächste Schritt im Predictive-Analytics-Framework in der Vorbereitung und Vorverarbeitung der Daten. Diese Phase umfasst:

- **Datenbereinigung** : Dabei geht es um die Identifizierung und Korrektur von Fehlern, die während des Datenerfassungsprozesses aufgetreten sein können.
- **Datentransformation** : Hierbei werden Daten in ein geeignetes Format für die weitere Analyse umgewandelt. Welche spezifischen Transformationen

verwendet werden, hängt von den Anforderungen des Vorhersagemodells ab.

- **Feature Engineering** : Dieser Schritt extrahiert wertvolle Features aus dem Datensatz, um die Leistung des Vorhersagemodells zu verbessern. Dazu könnte beispielsweise die Erstellung einer neuen Variablen gehören, die die Gesamtausgaben eines Kunden im vergangenen Jahr darstellt.

7.1.4 Erstellen von Vorhersagemodellen

Wenn saubere, verarbeitete Daten vorliegen, besteht der nächste Schritt bei der Entwicklung eines Predictive-Analytics-Frameworks darin, Vorhersagemodelle unter Verwendung verschiedener Techniken aus Statistik, Data Mining und maschinellem Lernen zu erstellen. Zu den häufig verwendeten Vorhersagemodellierungstechniken gehören:

- Regressionsanalyse
- Entscheidungsbäume
- Neuronale Netze
- Ensemble-Methoden
- Zeitreihenvorhersage

Jede Methode hat ihre Stärken und Schwächen, sodass sie für unterschiedliche Datentypen, Probleme und Ziele geeignet ist.

7.1.5 Modellvalidierung und -bewertung

Ein entscheidender letzter Schritt im Predictive-Analytics-Framework ist die Validierung und Bewertung der Vorhersagemodelle, um sicherzustellen, dass sie wie erwartet funktionieren. Dies beinhaltet typischerweise die Anwendung des Modells auf einen separaten Validierungsdatensatz und die Messung seiner Genauigkeit,

Präzision, Rückrufrate und anderer Metriken. Diese Statistiken liefern wichtiges Feedback, um Anpassungen des Modells oder der Datenvorbereitungsschritte zu steuern und so zuverlässigere Vorhersagen zu ermöglichen.

Zusammenfassend lässt sich sagen, dass Daten der Motor des Predictive-Analytics-Frameworks sind. Wenn Sie ihre Rolle verstehen und lernen, sie effektiv zu verwalten, kann Ihr Unternehmen das volle Potenzial von Predictive Analytics nutzen. Von der Datenerfassung über die Verarbeitung und Modellierung bis hin zur Validierung beeinflusst jeder Schritt im Datenlebenszyklus die Fähigkeit, die Zukunft genau vorherzusagen.

Mithilfe dieser Möglichkeiten können Unternehmen Trends vorhersagen, Chancen und Risiken erkennen und Strategien entwickeln, die Ergebnisse liefern. Im unsicheren Bereich zukünftiger Vorhersagen kommt ein starkes Predictive-Analytics-Framework, das auf soliden Datenpraktiken basiert, einer Kristallkugel am nächsten.

Abschnitt VII.1: Das Geschäftsproblem in Predictive Analytics verstehen und definieren

Jedes effektive Predictive-Analytics-Framework beginnt mit dem Verständnis und der Definition des Geschäftsproblems. Der erste entscheidende Schritt vor dem Einstieg in die Datenanalyse und Vorhersagemodellierung besteht darin, die Geschäftsfrage oder das Geschäftsproblem, auf das sich die Analyse konzentrieren soll, klar zu identifizieren. Dieses Verständnis fließt in jede Entscheidung im Framework ein – von der Datenerfassung bis hin zur Analyse, Modellierung, Bereitstellung und Überwachung.

Identifizieren und definieren Sie das Geschäftsproblem

Um das Geschäftsproblem zu verstehen, sind detaillierte Kenntnisse über das Unternehmen, die Branche und den Markt erforderlich. Dieses Wissen ermöglicht es dem Team, relevante Fragen zu stellen und realistische Ziele zu definieren. Im Idealfall sollte das Geschäftsproblem ein dringendes Problem sein, das, wenn es gelöst wird, erhebliche Auswirkungen auf das Unternehmen haben wird. Das Geschäftsproblem sollte explizit und ohne Unklarheiten definiert werden.

Formulieren Sie die Ziele

Sobald das Geschäftsproblem identifiziert ist, besteht der nächste Schritt darin, die Ziele zu formulieren. Diese Ziele sollten messbar, erreichbar, relevant und zeitgebunden (SMART) sein. Durch die Formulierung der Ziele wird sichergestellt, dass alle Teammitglieder, Stakeholder und Entscheidungsträger auf einer Wellenlänge sind.

Bestimmen Sie den Umfang des Problems

Die Definition des Umfangs des Geschäftsproblems hilft dabei, eine konkrete Richtung für das Projekt festzulegen. Dabei geht es darum, klar anzugeben, was in die Analyse einbezogen und was nicht, was allen Teammitgliedern und Stakeholdern Klarheit verschafft.

Stellen Sie Hypothesen auf

Als nächstes wird eine Hypothese basierend auf dem Geschäftsproblem entwickelt. Das Predictive-Analytics-Team sollte problembezogene Hypothesen erstellen und diese als Ausgangspunkte für die vorgeschlagenen

Lösungen verwenden. Die Formulierung von Hypothesen ist ein entscheidender Punkt im Predictive Analytics-Framework, da sie dabei hilft, bestimmte Annahmen im Zusammenhang mit dem Geschäftsproblem zu negieren oder zu beweisen.

Priorisieren Sie mögliche Lösungen

Der letzte Schritt beim Verstehen und Definieren des Geschäftsproblems ist die Priorisierung möglicher Lösungen. Das Team sollte sein Wissen und seine Erfahrung nutzen, um potenzielle Lösungen zu entwickeln und diese dann auf der Grundlage ihrer Machbarkeit und potenziellen Auswirkungen zu bewerten und einzustufen.

Durch das richtige Verstehen und Definieren des Geschäftsproblems wird das Predictive-Analytics-Framework für den Erfolg geschaffen. Es hilft bei der Ideenfindung einer praktikablen, wirkungsvollen Lösung, die implementiert werden kann, um den zu Beginn des Prozesses identifizierten Geschäftsanforderungen gerecht zu werden. Als erster und wesentlicher Schritt in der Predictive Analytics führt ein gründliches Verständnis des Geschäftsproblems zu besseren Ergebnissen, während ein schlecht definiertes oder missverstandenes Problem zu verschwendetem Aufwand und Ressourcen führen kann.

In den folgenden Abschnitten werden wir uns eingehender mit den nachfolgenden Phasen des Predictive-Analytics-Frameworks befassen, einschließlich Datenvorbereitung, Modellauswahl, Validierung, Bereitstellung und Überwachung. Das Endziel besteht darin, die Macht der Daten zu nutzen, um genaue Prognosen zu erstellen und fundierte zukünftige Geschäftsentscheidungen zu treffen.

VII.I. Aufbau einer soliden Predictive Analytics-Grundlage

Bevor Sie mit anspruchsvollen Predictive-Analytics-Projekten beginnen, ist es wichtig, ein robustes Predictive-Analytics-Framework zu etablieren. Dieses Framework dient als Roadmap, die Sie auf dem Weg führt, Rohdaten in wertvolle Entscheidungen für Ihr Unternehmen umzuwandeln.

A. Den geschäftlichen Kontext verstehen und gute Fragen formulieren

Predictive Analytics beginnt mit einem klaren Verständnis der vorliegenden Probleme. Bestimmen Sie zunächst, welche Probleme Ihr Unternehmen lösen muss oder welche Chancen es nutzen möchte. Dies legt den Grundstein für Ihre Predictive-Analytics-Initiative und legt fest, welche Daten Sie benötigen, welche Art der Analyse erforderlich ist und welche Tools und Ressourcen für das Projekt erforderlich sind.

B. Datensammlung

Effektive prädiktive Analysen basieren auf einer Fülle von Daten. Allerdings ist das Sammeln von mehr Daten nicht unbedingt besser; Sie müssen die richtigen Daten sammeln. Um dies zu erreichen, müssen Sie die Daten identifizieren, die sich auf Ihre Geschäftsfrage beziehen, einschließlich interner Daten aus den Betriebssystemen Ihres Unternehmens und externer Daten aus sozialen Medien, Websites oder Drittanbietern von Daten.

C. Datenbereinigung und Vorverarbeitung

Die gesammelten Daten müssen vor der Analyse bereinigt und vorverarbeitet werden. Dazu gehört der Umgang mit fehlenden Werten, der Umgang mit Ausreißern und die Standardisierung der Daten. Diese Methodik kann sich als sorgfältiger und zeitaufwändiger Prozess erweisen, ist jedoch von entscheidender Bedeutung, da sie die Qualität Ihres Vorhersagemodells erheblich beeinträchtigen kann.

D. Auswählen von Techniken und Erstellen von Modellen

Im nächsten Schritt erfolgt die Auswahl geeigneter Predictive-Analytics-Techniken basierend auf der Art Ihres Problems und den vorliegenden Daten. Zu den häufig verwendeten Methoden gehören Regressionsanalyse, Zeitreihenvorhersage und Techniken des maschinellen Lernens wie Entscheidungsbäume und neuronale Netze. Es ist wichtig, mehrere Modelle zu erstellen und zu iterieren, um das genaueste und nützlichste für Ihren gegebenen Kontext zu finden.

e. Modelle bewerten und verfeinern

Sobald Sie Ihre Vorhersagemodelle erstellt haben, müssen diese sorgfältig untersucht und verfeinert werden. Sie sollten ihre Leistung sowohl anhand der Trainings- als auch der Testdatensätze bewerten. Hierbei handelt es sich um verschiedene Kennzahlen, deren Auswahl von Ihren spezifischen Anforderungen und der Art des vorliegenden Problems abhängt.

F. Implementierung und Bereitstellung

Nachdem Ihr Modell verfeinert und erneut überprüft wurde, ist es an der Zeit, es umzusetzen. Dies kann bedeuten, dass Sie das Modell in eine Produktionsumgebung integrieren, wo es Entscheidungen in der realen Welt beeinflussen kann, oder dass Sie das Modell in Ihre Betriebssysteme einbetten, um Entscheidungsprozesse zu automatisieren.

G. Überwachung und Wartung

Die Bereitstellung Ihres Modells ist nicht das Ende des Prozesses. Predictive Analytics ist ein fortlaufender Prozess, der eine konsequente Überwachung und Wartung erfordert. Dazu gehört die regelmäßige Überprüfung der Modellleistung, die Durchführung systematischer Überprüfungen und die Vornahme notwendiger Anpassungen zur Anpassung an Änderungen der zugrunde liegenden Geschäftsdynamik und Datenmuster.

Durch die Einhaltung dieses Rahmenwerks können Unternehmen sicherstellen, dass sie prädiktive Analysen effektiv nutzen. Bedenken Sie jedoch, dass Predictive Analytics nicht nur eine einmalige Initiative ist. Stattdessen sollte es in Ihre alltäglichen Geschäftsprozesse integriert werden und so kontinuierliches Lernen und Entscheidungsfindung fördern.

VIII. Zukünftige Trends in Predictive Analytics

A. Predictive Analytics und KI-Revolution

Mit dem Anstieg der Rechenleistung und der Fülle an verfügbaren Daten hat künstliche Intelligenz die Art und Weise, wie wir prädiktive Analysen verstehen und nutzen, stark verändert. KI- und maschinelle Lernmethoden haben bei der Anwendung auf Predictive-Analytics-Projekte bemerkenswerte Erfolge gezeigt. Sie haben genauere Vorhersage- und Vorhersagemuster ermöglicht, die mit herkömmlichen statistischen Methoden nicht erfasst werden konnten.

Seit Jahren nutzen Unternehmen prädiktive Analysen, um zukünftige Ergebnisse auf der Grundlage historischer Daten vorherzusagen. Doch mit Hilfe von KI können Unternehmen jetzt noch darüber hinausgehen und Muster aus riesigen und vielfältigen Datenquellen wie nie zuvor erfassen. Diese Verschmelzung von KI und Predictive Analytics wird zum Eckpfeiler in Entscheidungsprozessen – von der Kundensegmentierung im Marketing bis hin zur Betrugsprävention im Bankensektor.

1. KI-gesteuerte Vorhersagemodelle

Auf dem Weg in die Zukunft können wir damit rechnen, dass KI-gesteuerte Vorhersagemodelle immer komplexer und ausgefeilter werden. Diese Modelle werden nicht nur zukünftige Ereignisse vorhersagen, sondern können auch mehrere zusammengehörige Ereignisse gleichzeitig vorhersagen und so einen vollständigen Ausblick auf die Zukunft bieten. Dies wird eine bessere Entscheidungsfindung ermöglichen, da sich Unternehmen auf alle möglichen zukünftigen Ergebnisse vorbereiten können.

2. Prädiktive Analysen in Echtzeit

Wir sind auf dem Weg zu einem Paradigmenwechsel in der Echtzeit-Predictive-Analytics. Fortschritte in der KI und Datenanalyse ermöglichen jetzt die Vorhersage von Ereignissen in Echtzeit. Dies bedeutet, dass Unternehmen Kundenanforderungen und Marktveränderungen antizipieren oder potenzielle Bedrohungen in Echtzeit erkennen und schnell Maßnahmen ergreifen können.

3. Erklärbare KI

In Zukunft werden wir Bemühungen beobachten, die Transparenz von KI-Vorhersagen zu verbessern. Im Gegensatz zum traditionellen „Black-Box"-Charakter von KI-Modellen, bei denen der Entscheidungsprozess schwer zu verstehen ist, ist erklärbare KI bestrebt, den Prozess transparent und leicht zu interpretieren. Dies wird nicht nur das Vertrauen in KI-Systeme stärken, sondern auch die Feinabstimmung von Modellen für genauere Vorhersagen ermöglichen.

4. Autonome Maschinen und Internet der Dinge (IoT)

Angesichts der zunehmenden Verbreitung von IoT-Geräten und autonomen Maschinen werden prädiktive Analysen eine Schlüsselrolle bei der Vorhersage von Geräteausfällen, der Optimierung von Lieferketten und der Verbesserung von Abläufen spielen. Durch vorausschauende Wartung, unterstützt durch IoT-Sensoren, können frühzeitig Anzeichen von Geräteausfällen erkannt werden, wodurch Ausfallzeiten und Reparaturkosten reduziert werden.

5. Datenschutz und Sicherheit

Da prädiktive Analysen zunehmend auf KI basieren, werden Fragen im Zusammenhang mit Datenschutz und Sicherheit zweifellos an Bedeutung gewinnen. Da KI-Modelle aus immer mehr Daten lernen, werden Methoden zur Gewährleistung des Datenschutzes und der Datenanonymisierung in Modellen des maschinellen Lernens von entscheidender Bedeutung sein.

6. Predictive Analytics in der Cloud

Der Trend, prädiktive Analysen in die Cloud zu verlagern, wird anhalten und Unternehmen skalierbare, kostengünstige und Remote-Lösungen bieten. Cloudbasierte Predictive-Analytics-Software wird es Unternehmen außerdem einfacher machen, große Datenmengen zu integrieren und zu verwalten.

Zusammenfassend lässt sich sagen, dass die zukünftigen Trends der Predictive Analytics eng mit dem Wachstum von KI und maschinellen Lerntechnologien verknüpft sind. Auf dem Weg in eine datengesteuerte Zukunft wird die Nutzung der wahren Leistungsfähigkeit prädiktiver Analysen von entscheidender Bedeutung sein, um intelligente, vorausschauende Entscheidungen zu ermöglichen und nachhaltige Geschäftsmodelle aufzubauen. Es wird unsere Sicht auf die Welt verändern und verschiedene Sektoren revolutionieren, vom Gesundheitswesen bis zum Finanzwesen, vom Einzelhandel bis zur Fertigung und darüber hinaus.

„Paradigmenwechsel: Predictive Analytics und Künstliche Intelligenz"

Wenn wir in unsere Kristallkugel blicken, um einen Blick darauf zu werfen, was die Zukunft für Predictive Analytics bereithält, sticht ein Trend besonders hervor: die Verschmelzung von Predictive Analytics und künstlicher Intelligenz (KI). Es handelt sich um eine Entwicklung, die auf der Nutzung der Macht der Daten für zukünftige Erkenntnisse aufbaut und über die Schaffung von Systemen hinausgeht, die Daten nicht nur analysieren, sondern auch aus ihnen lernen.

In den letzten Jahren waren die Entstehung und der Fortschritt der KI revolutionär. KI birgt das Potenzial, verschiedene Branchen erheblich zu verändern, da sie zu Fortschritten in der Automatisierung und Analyse geführt hat, die in der Lage ist, riesige Datenmengen zu verarbeiten.

KI und Vorhersagemodelle

Experten glauben, dass die Verschmelzung von KI und Predictive Analytics die Landschaft der Datenanalyse neu definieren wird. Die Fähigkeit der KI zu lernen, wahrzunehmen, Probleme zu lösen und Entscheidungen zu treffen, gepaart mit der Stärke von Predictive Analytics bei der Vorhersage zukünftiger Ergebnisse auf der Grundlage historischer Muster, schafft die Voraussetzungen für leistungsstarke Vorhersagemodelle.

Eine Möglichkeit, wie KI prädiktive Analysen verbessert, liegt in ihrer Fähigkeit, verschiedene Datentypen zu verarbeiten. Traditionell arbeiteten Vorhersagemodelle hauptsächlich mit strukturierten numerischen Daten. Aber die Fähigkeit der KI, mit unstrukturierten Daten wie Text-, Sprach-, Bild- und sogar Videoinhalten umzugehen, erweitert den Umfang der Analysen und liefert umfassendere, tiefgreifende Erkenntnisse, die andernfalls möglicherweise nicht zugänglich gewesen wären.

Darüber hinaus kann KI Vorhersagemodelle im Laufe der Zeit automatisch verfeinern, indem sie Maschinen in die Lage versetzt, Daten zu verstehen und aus ihnen zu lernen. Dadurch wird das Problem des Modellverfalls gemildert und eine bessere Qualität zukünftiger Vorhersagen gewährleistet.

Einführung von KI in Unternehmen

Unternehmen, die diesen Trend aufgreifen, haben damit begonnen, KI-gestützte prädiktive Analysen zu nutzen, um Prozesse zu automatisieren, datengestützte strategische Entscheidungen zu treffen und personalisierte Kundenerlebnisse zu bieten.

- **Geschäftsprozesse automatisieren** : Viele Unternehmen nutzen mittlerweile KI-basierte Vorhersagemodelle, um Routineaufgaben zu automatisieren. Von der Umsatzprognose bis zur Risikobewertung übernimmt KI alles und setzt so Personalressourcen für komplexere Aufgaben und Entscheidungen frei.
- **Strategische Entscheidungsfindung** : Mit erweiterten Datenfunktionen können Unternehmen Trends vorhersagen, Chancen erkennen und potenzielle Bedrohungen präventiv und präziser angehen. Diese Weitsicht verschafft einen Wettbewerbsvorteil in der sich ständig weiterentwickelnden Geschäftslandschaft und hilft dabei, Strategien und Abläufe effektiver aufeinander abzustimmen.
- **Personalisierte Kundenerfahrung** : Eine der bemerkenswertesten Anwendungen der KI-Predictive Analytics-Synergie liegt in der Personalisierung. Unternehmen können das Verhalten, die Vorlieben und die potenzielle Abwanderung von Kunden vorhersagen und so eine maßgeschneiderte Customer Journey anbieten, die das Engagement steigert und die Loyalität fördert.

Herausforderungen und der Weg nach vorne

Trotz der vielversprechenden Aussichten ist die Integration von KI in Predictive Analytics nicht ohne Herausforderungen. Die Abhängigkeit von KI – und damit auch von Daten – wirft erhebliche Bedenken hinsichtlich der Datensicherheit und des Datenschutzes auf. Darüber hinaus haben Unternehmen, die sich in der Anfangsphase der KI-Einführung befinden, häufig mit hohen Vorlaufkosten, betrieblichen Änderungen, einem Mangel an qualifizierten Ressourcen und regulatorischen Diskrepanzen zu kämpfen.

Trotz dieser Herausforderungen birgt die Verschmelzung von KI und Predictive Analytics ein enormes Potenzial. Technologische Fortschritte gepaart mit einem sich weiterentwickelnden Verständnis für den Wert von Daten machen diesen Trend zu einem Trend, der nicht übersehen werden kann und sollte.

Mit Blick auf die Zukunft ist es für Unternehmen unerlässlich, sich nicht nur auf diesen Wandel vorzubereiten, sondern auch aktiv nach Möglichkeiten zu suchen, die Leistungsfähigkeit der KI-integrierten prädiktiven Analyse zu nutzen. Da immer mehr Unternehmen die überzeugende Kombination aus prädiktiver Analyse und KI nutzen, werden Innovation, Effizienz und Genauigkeit in der datengestützten Landschaft der Zukunft weiterhin florieren

1. Der Einfluss künstlicher Intelligenz auf Predictive Analytics

Mit den kontinuierlichen Fortschritten in der Technologie wird künstliche Intelligenz (KI) zunehmend zu einem integralen Bestandteil der prädiktiven Analyse. Das Potenzial der KI, aus Datensätzen zu lernen, ermöglicht es ihr, auf der Grundlage der ihr zugeführten Informationen genauere Vorhersagen zu treffen. Im Wesentlichen lernen KI-Maschinen aus historischen Daten, um zukünftige Ergebnisse vorherzusagen.

KI-Modelle in Predictive Analytics

In der prädiktiven Analyse werden mehrere KI-Modelle verwendet, die von neuronalen Netzen, Entscheidungsbäumen und genetischen Algorithmen bis hin zu Fuzzy-Logic-Modellen und Regressionsmodellen reichen. KI-Vorhersagemodelle verfügen über die beeindruckende Fähigkeit, große Datenmengen aus unterschiedlichen Quellen und Variablen zu verarbeiten, wodurch sie effektiver präzisere Vorhersagen als herkömmliche Modelle liefern können.

Verbesserte Vorhersagegenauigkeit

KI verändert die prädiktive Analyse grundlegend, indem sie die Vorhersagegenauigkeit erheblich verbessert. Moderne KI-gestützte Algorithmen können komplexe Muster in Big Data mit hoher Genauigkeit verarbeiten und interpretieren. Neben dem Umgang mit strukturierten Daten zeichnet sich KI auch durch den Umgang mit unstrukturierten Daten aus und ermöglicht die Generierung von Vorhersagen aus verschiedenen Datenquellen wie Text, Sprache und Bildern.

Transformation von Branchen mit KI-gestützter Predictive Analytics

KI-gestützte prädiktive Analysen verändern zahlreiche Branchen, wobei die Bereiche Gesundheitswesen, Finanzen und Einzelhandel stärker betroffen sind. Im Gesundheitswesen werden prädiktive Analysen genutzt, um Krankheitsausbrüche zu antizipieren, Krankheiten frühzeitig zu diagnostizieren und personalisierte Behandlungen zu verbessern. Im Finanzwesen wird KI eingesetzt, um Markttrends vorherzusagen, Kreditrisiken einzuschätzen und betrügerische Aktivitäten aufzudecken. Einzelhändler nutzen

KI, um die Bestandsverwaltung zu optimieren, das Kundenerlebnis zu verbessern und Verbraucherverhalten und -trends zu antizipieren.

2. Einführung von Echtzeit-Prädiktionsanalysen

Ein weiterer zukünftiger Trend in der Welt der Predictive Analytics ist das Aufkommen von Echtzeit-Predictive Analytics. Die Notwendigkeit, in der sich schnell verändernden, datengesteuerten Welt von heute schnellere Entscheidungen zu treffen, hat zu diesem Trend geführt. Durch die Analyse von Echtzeitdaten können relevante Stakeholder sofortige, fundierte Entscheidungen treffen.

Rolle des IoT in der prädiktiven Echtzeitanalyse

Das Internet der Dinge (IoT) beschleunigt die Implementierung von Echtzeit-Prädiktionsanalysen radikal. Mit der Verbreitung von IoT-Geräten können Unternehmen nun auf einen kontinuierlichen Strom von Echtzeitdaten zugreifen, die sofort analysiert werden können. Dies ermöglicht es Unternehmen, Probleme schnell zu erkennen und zu beheben, so Risiken zu mindern und Chancen in Echtzeit zu nutzen.

3. Automatisierung prädiktiver Analysen

Die Automatisierung prädiktiver Analysen ist ein weiterer zukünftiger Trend, der die Analyselandschaft revolutionieren wird. Dabei kommt es darauf an, mithilfe von Technologie Aufgaben auszuführen, die herkömmlicherweise menschliches Eingreifen erfordern würden.

Auswirkungen der Automatisierung auf die Belegschaft

Die Automatisierung von Predictive Analytics könnte zum Verlust von Arbeitsplätzen führen. Es ist jedoch wahrscheinlicher, dass die beruflichen Rollen neu definiert werden, als dass sie gänzlich abgeschafft werden. Anstatt routinemäßige Datenanalysen durchzuführen, können sich Datenwissenschaftler auf die Interpretation und Entscheidungsfindung auf der Grundlage der Ergebnisse der Datenanalyse konzentrieren. Daher dürfte die Automatisierung zu einer effizienteren Nutzung der Humanressourcen führen.

Dies ist nur ein kleiner Einblick in die Zukunft der Predictive Analytics. Da sich die Technologie ständig weiterentwickelt und immer ausgefeilter wird, ist es spannend, über die unzähligen Möglichkeiten nachzudenken, wie Predictive Analytics die Art und Weise, wie wir prädiktive Entscheidungen treffen, verändern wird. Diese kontinuierliche Weiterentwicklung unterstreicht noch mehr, wie wichtig es ist, die Leistungsfähigkeit prädiktiver Analysen zu nutzen.

8.1 Predictive Analytics und Künstliche Intelligenz (KI)

Die Schnittstelle zwischen Predictive Analytics und künstlicher Intelligenz (KI) dürfte einer der wichtigsten Trends der Zukunft sein. KI ist zu einem neuen Standard für intelligentes Computing geworden und verändert schnell die Landschaft der prädiktiven Analyse. Predictive Analytics stützt sich in hohem Maße auf Algorithmen und Modelle, die große Datensätze schnell scannen, analysieren und interpretieren können. Ein KI-basiertes System ist in der Lage, diese Daten nicht nur mit unglaublicher

Geschwindigkeit zu verarbeiten, sondern auch daraus zu lernen.

Maschinelles Lernen, eine Teilmenge der KI, ist einer der Schlüsselakteure in diesem Wandel. Algorithmen lernen aus historischen Daten, erstellen Muster und treffen dann Vorhersagen über zukünftige Daten, was die Automatisierung einer erheblichen Anzahl von Prozessen ermöglicht. Es wird erwartet, dass die zunehmende Implementierung dieser Tools die Entwicklung prädiktiver Analysen beschleunigen wird.

8.2 Allgegenwärtigkeit von Predictive Analytics

Predictive Analytics erweitert seinen Horizont über Branchen- und Geschäftsanwendungen hinaus. In Zukunft wird es prädiktive Analysen in alltäglichen Szenarien wie persönlicher Fitness, häuslicher Sicherheit, Landwirtschaft und sogar Politik geben. Heute sind Vorhersagetools nicht nur die Stärke von Unternehmen. Eine breite Palette persönlicher Geräte ermöglicht es Benutzern, Daten zu generieren und personalisierte Vorhersagen zu erstellen. Diese immer häufigere Präsenz ist ein Hinweis auf die wachsende Bedeutung und Praktikabilität von Predictive Analytics in verschiedenen Lebensbereichen.

8.3 Die Cloud und Predictive Analytics

Mit dem Aufstieg des Cloud Computing hat Predictive Analytics ein erhebliches Wachstumspotenzial erfahren. Die Cloud erleichtert die Verwaltung und Analyse großer Datenmengen. Zukünftige Trends deuten darauf hin, dass sich Predictive Analytics in Richtung Cloud-basierter

Plattformen verlagert. Mit zunehmender Datenverfügbarkeit in der Cloud können Unternehmen diese Flexibilität und Skalierbarkeit nutzen, um prädiktive Analysen effizienter durchzuführen und so wertvolle Erkenntnisse in Echtzeit zu gewinnen.

8.4 Zeitsensitivität und Echtzeitvorhersagen

Je weiter wir in das Zeitalter der digitalen Transformation vordringen, desto mehr nimmt die Bedeutung von Echtzeitdaten exponentiell zu. Bei der futuristischen Predictive Analytics geht es nicht nur um genaue Vorhersagen, sondern auch darum, diese Vorhersagen in Echtzeit zu treffen. Schnellere Analysen und zeitnahe Erkenntnisse werden für die Förderung von Geschäftsentscheidungen und strategischen Maßnahmen immer wichtiger. Die Integration von Streaming Analytics in Vorhersagemodelle könnte sich in diesem Zusammenhang als Game-Changer erweisen.

8.5 Datenschutz- und Sicherheitsbedenken

Mit der Weiterentwicklung der prädiktiven Analyse rücken auch Datenschutz- und Sicherheitsbedenken in den Fokus. Als zukünftiger Trend könnten die Vorschriften zum Datenschutz strenger werden. Prädiktive Analysen, die weitgehend auf Daten basieren, müssen ihre Ziele mit den erforderlichen regulatorischen Standards in Einklang bringen.

Zusammenfassend lässt sich sagen, dass die Bereiche der Predictive Analytics dynamisch und evolutionär sind. Innovationen wie KI und maschinelles Lernen revolutionieren seine Fähigkeiten und Anwendungen. Es muss jedoch durch robuste Daten-Governance-Richtlinien ergänzt werden, um die privaten Daten der Benutzer zu respektieren. Zukünftige Trends deuten auf eine spannende Entwicklung für diesen Bereich hin, wobei die Technologie die Grenzen des Möglichen immer weiter verschiebt.

Nutzung von maschinellem Lernen für Predictive Analytics

Einer der spannendsten Zukunftstrends in der Predictive Analytics ist die Integration maschineller Lerntechniken in traditionelle statistische Modelle. Maschinelles Lernen, eine Teilmenge der künstlichen Intelligenz, ermöglicht es Computern, aus Daten zu lernen und Entscheidungen auf deren Grundlage zu treffen, ohne explizit programmiert zu werden.

Die Nutzung von maschinellem Lernen für prädiktive Analysen bedeutet, dass die Algorithmen kontinuierlich aus neuen Daten lernen und sich entsprechend anpassen können. Dies stellt einen deutlichen Wandel in der Vorhersagekraft dar, da moderne Modelle für maschinelles Lernen in der Lage sind, traditionelle statistische Techniken zu übertreffen, insbesondere bei großen und komplexen Datensätzen.

Überwachtes und unüberwachtes Lernen

Der Kern des maschinellen Lernens dreht sich um zwei Arten des Lernens – überwachtes Lernen und unüberwachtes Lernen.

Beim überwachten Lernen wird ein Algorithmus anhand eines gekennzeichneten Datensatzes trainiert, was bedeutet, dass er sowohl über die Eingabeparameter als auch über die gewünschte Ausgabe verfügt. Der Algorithmus lernt während des Trainings die Beziehung zwischen Eingabe und Ausgabe und wendet dieses Wissen auf neue, unsichtbare Daten an.

Unüberwachtes Lernen hingegen funktioniert mit Datensätzen ohne Labels. Das Ziel beim unüberwachten Lernen besteht darin, Muster und Beziehungen in den Daten zu finden. Die Clusteranalyse ist eine gängige unbeaufsichtigte Lerntechnik, die Datenpunkte nach Ähnlichkeit gruppiert.

Deep-Learning-Revolution

Eine besondere Art von Modell des maschinellen Lernens namens Deep Learning hat in den letzten Jahren aufgrund seiner Fähigkeit, aus komplexen und umfangreichen Datensätzen zu lernen, an Popularität gewonnen. Deep Learning nutzt künstliche neuronale Netze mit mehreren Schichten (daher „tief"), um die Genauigkeit bei Aufgaben wie Objekterkennung, Spracherkennung und jetzt auch prädiktiven Analysen zu erhöhen.

Diese Modelle haben sich bei Aufgaben als äußerst erfolgreich erwiesen, bei denen die Lösung darin besteht, komplexe Eingaben auf Ausgaben abzubilden und aus Beispielen zu lernen. Das Aufkommen von Big Data hat der Deep-Learning-Revolution einen erheblichen Schub verliehen, da sie auf der Nutzung großer Datenmengen basiert, um genaue Vorhersagen zu treffen oder präzise Erkenntnisse zu gewinnen.

Prädiktive Analysen in Echtzeit

Ein weiterer spannender Trend in der Predictive Analytics ist die Echtzeitanalyse. Mit der heutigen Rechenleistung gepaart mit Modellen des maschinellen Lernens können wir prädiktive Analysen in Echtzeit durchführen und so Unternehmensleitern und Entscheidungsträgern sofortige Erkenntnisse für ihre strategischen Initiativen liefern.

Der Wert prädiktiver Echtzeitanalysen erstreckt sich nicht nur darauf, schneller bessere Entscheidungen zu treffen, sondern auch auf die Anpassung von Aktionen oder Entscheidungen als Reaktion auf sich ändernde Situationen. Dabei handelt es sich um eine Form der Mikrostrategie, die „on the fly" Entscheidungen auf granularer Ebene treffen kann und besonders wertvoll für Sektoren ist, in denen sich die Bedingungen schnell ändern können, wie etwa im Finanz- und Einzelhandelsbereich.

Transparenz und ethische Bedenken

Wie bei allen leistungsstarken Tools gibt es ethische Fragen im Zusammenhang mit dem Einsatz von maschinellem Lernen In der prädiktiven Analyse. Fragen des Datenschutzes, der Transparenz bei der Art und Weise, wie Modelle Vorhersagen treffen, und der Möglichkeit einer algorithmischen Verzerrung sind allesamt wichtige Bedenken.

In jüngster Zeit wurden Fortschritte bei der Entwicklung „erklärbarer" Modelle für maschinelles Lernen erzielt, die Einblicke in die Art und Weise geben können, wie sie zu einer Entscheidung gelangt sind. Allerdings gelten viele Hochleistungsmodelle für maschinelles Lernen immer noch als „Black Boxes" mit geringer Transparenz in den internen Entscheidungsprozess.

Es ist wahrscheinlich, dass Transparenz beim maschinellen Lernen in Zukunft ein wichtigeres Thema werden wird, da ethische und Governance-Bedenken zunehmen und die Entwicklung einer interpretierbaren und verantwortungsvollen KI vorantreiben.

Zusammenfassend lässt sich sagen, dass die Nutzung maschineller Lerntechniken für prädiktive Analysen einen spannenden und innovativen Zukunftstrend darstellt. Die Kombination aus fortschrittlichen Modellen des maschinellen Lernens, erhöhter Rechenleistung und enormer Datenverfügbarkeit wird zweifellos zu Durchbrüchen in der prädiktiven Analyse führen und neue Chancen und Herausforderungen eröffnen.

IX. Herausforderungen und Grenzen von Predictive Analytics

Unterabschnitt – Verständnis der Komplexität und ethischen Implikationen von Predictive Analytics

Predictive Analytics bietet klare Vorteile für die Optimierung verschiedener Prozesse und die Verbesserung der Entscheidungsfindung. Doch auch wenn der effiziente Einsatz von Predictive Analytics erhebliche Vorteile bietet, ist er nicht ohne Herausforderungen. Tatsächlich stellt es erhebliche Komplexität und ethische Überlegungen dar, die Organisationen verstehen und angemessen berücksichtigen müssen, um eine ethische und optimale Nutzung sicherzustellen.

Datenqualität und -management

Die Datenqualität hat erheblichen Einfluss auf die Wirksamkeit von Predictive Analytics. In der prädiktiven Analytik gilt das Prinzip „Garbage rein, Garbage out". Ungültige, unvollständige oder verzerrte Daten können zu falschen Schlussfolgerungen und fehlerhaften Entscheidungen führen. Darüber hinaus erfordern prädiktive Analysen erhebliche Datenmengen, was das Datenmanagement zu einer weiteren potenziellen Herausforderung macht. Es können Probleme beim Speichern, Abrufen und Bereinigen von Daten auftreten, die sich auf den gesamten Analyseprozess auswirken.

Modellgenauigkeit

Vorhersagemodelle basieren auf historischen Daten und Trends und gehen davon aus, dass zukünftige Muster denen der Vergangenheit ähneln werden. Neue Ereignisse oder unbekannte Faktoren können diesen Trend jedoch verzerren und zu Ungenauigkeiten führen. In diesen Fällen können Vorhersagemodelle versagen, was potenziell schädliche Folgen haben kann. Daher besteht die Herausforderung darin, die Robustheit und Anpassungsfähigkeit des Modells zu verbessern.

Qualifikationsdefizit

Die effektive Interpretation und Implementierung von Predictive Analytics erfordert spezielle Fähigkeiten. Oftmals mangelt es in Organisationen an Fachwissen, was eine ordnungsgemäße Einführung behindern kann. Die Schulung von Personal, die Zusammenarbeit mit Experten oder der Einsatz automatisierter Tools gehören zu den Lösungen für diese Einschränkung, sind jedoch mit eigenen Herausforderungen und Kosten verbunden.

Transparenz und Vertrauen

Die Komplexität von Vorhersagemodellen kann es für Laien schwierig machen, zu verstehen, wie sie ihre Vorhersagen oder Empfehlungen ableiten. Dieser Mangel an Transparenz kann zu Misstrauen und einer geringeren Akzeptanz führen. Durch die Sicherstellung, dass Modelle interpretierbar und erklärbar sind, kann diese Herausforderung gemeistert werden, allerdings ist dies häufig mit einem Kompromiss hinsichtlich der Genauigkeit und Tiefe des Modells verbunden.

Einhaltung gesetzlicher Vorschriften

Da prädiktive Analysen auf Daten basieren, müssen Unternehmen verschiedene Datenschutzgesetze einhalten, beispielsweise die Datenschutz-Grundverordnung (DSGVO). Diese regulatorischen Einschränkungen können die Datennutzung und -freigabe einschränken, was sich auf die Leistung von Vorhersagemodellen auswirken kann.

Ethische Implikationen

Prädiktive Analysen können möglicherweise ethische Kontroversen auslösen, insbesondere wenn die Ergebnisse versehentlich bestimmte Gruppen aufgrund sensibler Merkmale wie Rasse, Geschlecht oder sozioökonomischen Status begünstigen oder diskriminieren. Daraus resultierende voreingenommene Entscheidungen können sich negativ auf den Ruf und die rechtliche Stellung einer Organisation auswirken. Der ethische Umgang und die Verwendung von Daten sind ein wichtiges Anliegen, das einen sorgfältigen Ansatz bei der Anwendung von Predictive Analytics erfordert.

Widerstand zur Aenderung

Der Mensch widersetzt sich von Natur aus Veränderungen; Daher kann die Umstellung manueller Entscheidungsprozesse auf daten- und technologiegesteuerte Entscheidungsprozesse auf Widerstand stoßen. Ein strategisches Änderungsmanagement, das die Vorteile hervorhebt und die Beteiligung der Stakeholder sicherstellt, kann dazu beitragen, diese Einschränkung zu überwinden.

Predictive Analytics ist ein leistungsstarkes Tool, das jedoch mit Bedacht eingesetzt und nicht als magische Lösung betrachtet werden sollte. Das Erkennen dieser Einschränkungen und Herausforderungen wird Unternehmen dabei helfen, prädiktive Analysen auf ethische, effektive und wirkungsvolle Weise zu nutzen.

Zusammenfassend lässt sich sagen, dass das Verständnis dieser Herausforderungen es Unternehmen ermöglicht, die richtigen Strategien zu implementieren, um diese Einschränkungen zu überwinden und das wahre Potenzial von Predictive Analytics auszuschöpfen, um sicherzustellen, dass die von ihnen gemachten Zukunftsvorhersagen so genau und wertvoll wie möglich sind. Der verantwortungsvolle Einsatz prädiktiver Analysen ermöglicht es Unternehmen, die Vorteile der Technologie zu nutzen und gleichzeitig sicherzustellen, dass sie weiterhin innerhalb ethischer Grenzen agieren und so das öffentliche Vertrauen in ihre Geschäftstätigkeit wahren. Es ist offensichtlich, dass prädiktive Analysen zwar Geschäftsabläufe verändern können, die Ausschöpfung ihres vollen Potenzials jedoch eine sorgfältige Abwägung und Bewältigung der damit verbundenen Herausforderungen und Einschränkungen erfordert.

Unterabschnitt: Die Feinheiten von Predictive Analytics verstehen

Während Predictive Analytics Unternehmen in verschiedenen Branchen ein beeindruckendes Spektrum an Vorteilen und Möglichkeiten bietet, ist es wichtig, dass wir auch ihre Grenzen erkennen und verstehen. Mehrere Faktoren können die Wirksamkeit von Vorhersagemodellen beeinträchtigen, von Problemen mit Daten bis hin zu Herausforderungen bei der Implementierung. Hier finden Sie einen detaillierten Überblick über einige der wichtigsten Herausforderungen und Einschränkungen, die Predictive Analytics mit sich bringt:

1. **Probleme mit der Datenqualität:** Predictive Analytics hängt weitgehend von der Qualität der vorliegenden Daten ab. Wenn die Daten unvollständig, inkonsistent, veraltet oder ungenau sind, kann die Wirksamkeit von Predictive Analytics erheblich beeinträchtigt werden. Die Daten müssen gut verwaltet, regelmäßig aktualisiert und gründlich bereinigt werden. Auch Ausreißer müssen korrekt behandelt werden, da sie die Ergebnisse verfälschen können.

2. **Über- und Unteranpassung von Modellen:** Dies kann ein erhebliches Problem bei der Vorhersagemodellierung sein. Eine Überanpassung tritt auf, wenn das Modell zu komplex ist und zufälliges Rauschen erfasst, anstatt die zugrunde liegenden Beziehungen zu beschreiben. Andererseits kommt es zu einer Unteranpassung, wenn das Modell zu einfach ist, um alle Datenbeziehungen zu erfassen. Sowohl eine Überanpassung als auch eine Unteranpassung können zu ungenauen und unzuverlässigen Vorhersagen führen.

3. **Korrelation bedeutet keine Kausalität:** Prädiktive Analysen können Muster und Beziehungen zwischen verschiedenen Variablen identifizieren, sie können jedoch nicht immer den kausalen Effekt feststellen, d. h., ob eine Variable der Grund für die Änderung einer anderen Variable ist. Das Versäumnis, kausale Zusammenhänge zu ermitteln, kann manchmal zu irreführenden Vorhersagen führen.
4. **Zeitkritische Daten:** Vorhersagemodelle, die auf der Grundlage historischer Daten entwickelt wurden, sind möglicherweise für die Zukunft nicht genau, wenn die Daten stark zeitabhängig sind. Änderungen im Kundenverhalten, Markttrends oder Umgebungsbedingungen können die Genauigkeit des Modells erheblich beeinträchtigen.
5. **Vertrauen auf Domänenexpertise:** Prädiktive Analysen können Hinweise darauf geben, was in der Zukunft passieren könnte, aber die Entscheidung über die zu ergreifenden Maßnahmen auf der Grundlage dieser Vorhersage erfordert oft umfassende Domänenkenntnisse. Ein Vorhersagemodell kann die Wahrscheinlichkeit einer Kundenabwanderung anzeigen, aber die wirksame Strategie zur Bindung des Kunden erfordert Fachwissen in diesem Bereich.
6. **Transparenz und Vertrauen:** Vorhersagemodelle, insbesondere solche, die komplexe Algorithmen verwenden, können wie „Black Boxes" wirken, die Vorhersagen generieren, ohne ein klares Verständnis dafür zu vermitteln, wie sie zu dieser Vorhersage gelangt sind. Dieser Mangel an Transparenz kann das Vertrauen beeinträchtigen und ihre breitere Akzeptanz behindern.
7. **Ethische und Datenschutzbedenken:** Prädiktive Analysen erfordern häufig die Verwendung sensibler personenbezogener Daten. Es ist jedoch wichtig,

verantwortungsvoll damit umzugehen. Die Nichtbeachtung von Datenschutzbestimmungen und ethischen Erwägungen beim Umgang mit solchen Daten kann schwerwiegende Folgen haben.

8. **Langfristige Bereitstellung und Wartung:** Da sich Marktmuster und Kundenverhalten weiterentwickeln, müssen Vorhersagemodelle regelmäßig aktualisiert und gewartet werden, um kontinuierliche Genauigkeit und Relevanz sicherzustellen. Dies kann sich als anspruchsvolle Aufgabe erweisen, die erhebliche Anstrengungen und Ressourcen erfordert.

Obwohl diese Herausforderungen einige Schwierigkeiten mit sich bringen, ist der Versuch, in der prädiktiven Analyse Perfektion zu erreichen, oft weniger wertvoll als einfach nur Fortschritte zu machen. Der Schlüssel liegt darin, sich dieser Einschränkungen bewusst zu sein und Maßnahmen zu ergreifen, um ihre Auswirkungen zu minimieren. Trotz der aufgeführten Einschränkungen überwiegen die Vorteile der Predictive Analytics bei weitem die Schwierigkeiten und machen sie zu einem unverzichtbaren Werkzeug in der modernen Geschäftslandschaft. Der Schlüssel liegt nicht darin, sich ausschließlich auf die Technologie zu verlassen, sondern sie in Verbindung mit menschlichem Urteilsvermögen und Fachwissen zu nutzen.

IX.1 Die Grenzen von Predictive Analytics verstehen

Obwohl Predictive Analytics vielversprechende Vorteile bietet, ist es wichtig zu verstehen, dass die Technologie nicht narrensicher ist und ihre einzigartigen Herausforderungen und Einschränkungen mit sich bringt. Keine prädiktive Modellierungstechnik kann eine 100-

prozentige Genauigkeit garantieren – ein gewisses Maß an Unsicherheit ist immer vorherrschend.

1. Datenqualität und -quantität

Die Genauigkeit von Predictive Analytics hängt stark von der Qualität und Quantität der verwendeten Daten ab. Die Verwendung unvollständiger, falscher, veralteter oder voreingenommener Daten kann zu fehlerhaften Vorhersagen führen. Darüber hinaus erfordern Vorhersagemodelle große Datenmengen, um effizient zu funktionieren. Wenn nicht genügend Daten verfügbar sind, kann das Analysemodell ungenaue Vorhersagen liefern.

2. Dateninterpretation

Eine weitere Herausforderung bei Predictive Analytics ist die korrekte Interpretation der Ergebnisse. Es gibt Fälle, in denen Modelle ein Ergebnis vorhersagen können, das nicht mit der zugrunde liegenden Realität übereinstimmt. Wenn die Interpretation falsch ist, können Entscheidungen, die auf diesen Vorhersagen basieren, zu unerwünschten Ergebnissen führen. Modelle sind nur so gut wie die Menschen, die sie interpretieren.

3. Überanpassung und Unteranpassung

Vorhersagemodelle, insbesondere solche, die auf Algorithmen des maschinellen Lernens basieren, können unter Über- und Unteranpassung leiden. Überanpassung tritt auf, wenn ein Modell übermäßig komplex ist und zufällige statt systematische Effekte enthält, was dazu führt, dass das Modell zu gut an den spezifischen Datensatz angepasst ist und mit neuen Daten schlecht abschneidet. Andererseits kommt es zu einer Unteranpassung, wenn das Modell zu einfach ist und wichtige Trends in den Daten nicht erfasst, was zu schlechten Vorhersagen führt.

4. Aktualität von Vorhersagen

Die Vorhersagekraft von Modellen lässt mit der Zeit tendenziell nach. Dies liegt daran, dass sich die zugrunde liegenden Muster und Beziehungen in Daten ändern können. Modelle sollten regelmäßig aktualisiert und anhand aktueller Daten getestet werden, um sicherzustellen, dass sie gültig bleiben.

5. Ethische und Datenschutzbedenken

Der Einsatz prädiktiver Analysen kann auch ethische und datenschutzrechtliche Bedenken aufwerfen. Modelle können manchmal sensible Daten preisgeben oder zu diskriminierenden Praktiken führen, insbesondere wenn die Daten persönliche Identifikatoren enthalten. Daher ist es wichtig, beim Einsatz prädiktiver Analysen Datenschutzbestimmungen und ethische Standards zu respektieren.

6. Kosten- und zeitintensiv

Der Prozess der Datenerfassung, Analyse und Modellbildung für prädiktive Analysen kann kostspielig und zeitintensiv sein. Darüber hinaus muss ausreichend menschlicher Intellekt und Zeit investiert werden, um die Ergebnisse zu verstehen und richtig zu nutzen.

7. Abhängigkeit vom Domänenwissen

Schließlich hängen erfolgreiche Predictive-Analytics-Projekte in der Regel von umfangreicher Fachkompetenz ab. Obwohl der Prozess möglicherweise automatisiert wurde, sind die Erkenntnisse, die sich aus diesen Modellen ergeben, nicht immer offensichtlich und erfordern möglicherweise umfassendes Fachwissen, um sie zu realisieren und darauf zu reagieren.

Die Identifizierung der impliziten Einschränkungen und Herausforderungen der Predictive Analytics unterstreicht die Bedeutung einer kontinuierlichen Verfeinerung und Anpassung. Die Erkenntnis, dass Vorhersagemodelle nicht als primäre Entscheidungshilfen, sondern als unterstützende Komponenten eingesetzt werden sollten, ist ein entscheidendes Element für den effektiven Einsatz von Vorhersageanalysen.

Hindernisse bei der Integration prädiktiver Analysen

Obwohl Predictive Analytics das Potenzial birgt, Unternehmen durch die Bereitstellung wertvoller Zukunftserkenntnisse drastisch zu verändern, bringt die Implementierung dieses leistungsstarken Tools eine Reihe einzigartiger Herausforderungen mit sich:

Datenqualität:

Einer der kritischsten Aspekte, der den Erfolg oder Misserfolg eines Vorhersagemodells beeinflusst, ist die Qualität der verwendeten Daten. Eine schlechte Datenqualität kann zu falschen Vorhersagen führen und zu ungenauen Schlussfolgerungen und fehlgeleiteten Strategien führen. Es wird geschätzt, dass Daten von schlechter Qualität die US-Wirtschaft jedes Jahr über 3,1 Billionen US-Dollar kosten (Quelle). Datenbereinigung, -anreicherung und -validierung können zeitaufwändig sein, sind aber notwendige Schritte in der Datenvorverarbeitungsphase.

Mangel an qualifizierten Analysten:

Das Entwerfen, Implementieren und Interpretieren der Ergebnisse von Predictive-Analytics-Modellen erfordert häufig eine Mischung aus Fachwissen in den Bereichen Statistik, Datenwissenschaft und maschinelles Lernen. Es besteht jedoch ein erheblicher Mangel an solchen Fachkräften, was das Wachstum und die Anwendung von Predictive Analytics behindern kann. Laut einem Bericht von McKinsey könnten in den USA bis 2028 140.000 bis 190.000 Fachkräfte mit fundierten analytischen Fähigkeiten fehlen (Quelle) .

Datenschutz- und Sicherheitsbedenken:

Da Predictive Analytics riesige Datenmengen nutzt, birgt dies auch erhebliche Risiken hinsichtlich Datenschutz und Sicherheit. Organisationen müssen sicherstellen, dass sie beim Umgang mit sensiblen Daten die erforderlichen Gesetze und Vorschriften einhalten, wie z. B. die DSGVO in Europa und die CCPA in Kalifornien.

Implementierungskosten:

Die Integration prädiktiver Analysetools in bestehende Abläufe kann erhebliche finanzielle und zeitliche Investitionen erfordern. Die Kosten für den Kauf oder die Entwicklung von Predictive-Analytics-Software, die Schulung des Personals und die Wartung dieser Systeme können erheblich sein.

Fehlinterpretation der Ausgabe:

Vorhersagemodelle bieten Wahrscheinlichkeiten, keine Gewissheiten. Unternehmen, die diesen Aspekt nicht richtig verstehen, vertrauen möglicherweise zu sehr auf eine einzelne Ausgabe, was zu falschen Handlungen führen kann. Daher ist es für Organisationen wichtig, die Ergebnisse richtig zu verstehen und zu interpretieren.

Ethische Überlegungen:

Der Einsatz prädiktiver Analysen kann als diskriminierend angesehen werden, wenn dabei Daten verwendet werden, um bestimmte Personen oder Gruppen in unfairer Weise für Maßnahmen anzusprechen. Es bestehen auch Bedenken, dass Vorhersagemodelle die in den Daten vorhandenen Verzerrungen verstärken könnten.

Einschränkungen der quantitativen Analyse:

Predictive Analytics basiert hauptsächlich auf quantitativen Analysen. Einige Aspekte wie menschliches Verhalten, Unternehmenskultur oder allgemeinere gesellschaftliche Trends sind jedoch nicht leicht quantifizierbar, können jedoch die Genauigkeit von Vorhersagemodellen erheblich beeinflussen.

Dynamische Natur der Märkte:

Märkte sind sich ständig weiterentwickelnde Umgebungen. Ein Vorhersagemodell, das heute gut funktioniert, ist möglicherweise nicht unbedingt für zukünftige Umstände geeignet. Predictive Analytics muss sich ständig anpassen und weiterentwickeln, um in einem solch dynamischen Szenario wertvolle Erkenntnisse zu liefern.

Trotz dieser Herausforderungen können die Vorteile der Integration prädiktiver Analysen in den Entscheidungsprozess eines Unternehmens enorm sein. Mit den richtigen Strategien und Tools können Unternehmen diese Herausforderungen meistern und die

Leistungsfähigkeit der Predictive Analytics nutzen, um ihr Wachstum voranzutreiben. Wie das Sprichwort sagt: „Es ist schwierig, Vorhersagen zu treffen, insbesondere über die Zukunft" – aber mit Predictive Analytics sind Unternehmen besser denn je für diese Herausforderung gerüstet.

Die Grenzen prädiktiver Analysetechniken verstehen

Trotz der transformativen Kraft der prädiktiven Analyse ist es wichtig zu verstehen, dass prädiktive Modelle keine unfehlbaren Vorahnungen sind. Sie sind untrennbar mit den Daten verbunden, auf denen sie basieren, den Algorithmen, die zur Verarbeitung dieser Daten verwendet werden, und der Fähigkeit, das entwickelte Modell iterativ zu verbessern. Mehrere mit Predictive Analytics verbundene Einschränkungen liefern wertvolle Erkenntnisse darüber, wie diese Technologie effektiv implementiert und bewusst verstanden werden kann.

Datenqualität und Vollständigkeit

Das Sprichwort „Müll rein, Müll raus" gilt auch in der Welt der Predictive Analytics. Modelle sind nur so gut wie die Daten, die ihnen zugeführt werden. Prädiktive Analysen erfordern saubere, qualitativ hochwertige und richtig formatierte Daten, um genaue und vertrauenswürdige Vorhersagen zu erstellen. Ungenaue, unvollständige oder verzerrte Daten können zu Modellen führen, die irreführende oder negativ verzerrte Vorhersagen liefern.

Ebenso haben selbst gut gesammelte Daten ihre Grenzen, da sie nur vergangene und gegenwärtige Faktoren darstellen. Wenn unerwartete oder beispiellose Ereignisse (z. B. eine globale Pandemie oder ein wirtschaftlicher

Zusammenbruch) eintreten, kann es sein, dass das Modell deutlich schlechter abschneidet, da es keine früheren Daten hat, auf die sich solche Vorhersagen stützen könnten.

Modellkomplexität und Überanpassung

Auch die Komplexität des Modells kann als Einschränkung dienen. Komplexe Modelle können bei Trainingsdaten eine außergewöhnlich gute Leistung erbringen, scheitern jedoch bei neuen Daten kläglich, weil sie die Trainingsdaten überangepasst haben. Eine Überanpassung tritt auf, wenn ein Modell die Details und das Rauschen in den Trainingsdaten so sehr lernt, dass sich dies negativ auf die Leistung des Modells bei neuen Daten auswirkt. Dies bedeutet, dass das Rauschen oder zufällige Schwankungen in den Trainingsdaten vom Modell erfasst und als Konzepte gelernt werden, was es bei der Vorhersage von Ergebnissen für neue Dateninstanzen weniger genau macht.

Unsicherheit und Fehlalarme

Unsicherheit ist eine weitere Einschränkung der prädiktiven Analyse. Während Vorhersagen erstellt werden, kann es aufgrund der sich ständig ändernden Natur externer Faktoren schwierig sein, die genaue Eintrittswahrscheinlichkeit zu bestimmen. Darüber hinaus kann ein Modell Vorhersagen mit einem gewissen Grad an Fehlern generieren, die auch als falsch-positive oder falsch-negative Ergebnisse bezeichnet werden. Diese falschen Vorhersagen können zu Ressourcenverschwendung oder schlecht informierten Entscheidungen führen, wenn sie nicht richtig erkannt und verwaltet werden.

Ethische und Datenschutzbedenken

Da Vorhersagemodelle häufig umfangreiche Daten erfordern, kann es zu Problemen im Zusammenhang mit der

Privatsphäre und dem Datenschutz kommen. Darüber hinaus kann Predictive Analytics unbeabsichtigt zu ethischen Dilemmata führen. Beispielsweise können verzerrte Daten zu verzerrten Vorhersagen führen und diskriminierende Ergebnisse fördern, selbst wenn dies unbewusst geschieht. Das Erkennen und Abmildern dieser potenziellen Verzerrungen ist für den verantwortungsvollen Einsatz prädiktiver Analysen von entscheidender Bedeutung.

Sich weiterentwickelnde Technologie

Mit der Weiterentwicklung der Technologie entwickelt sich auch die Landschaft der Predictive Analytics weiter. Es entstehen ständig neue Methoden und Ansätze, während ältere Methoden ausgereift sind oder veraltet sind. Dies kann die Auswahl der geeigneten Methode erschweren und sogar einen Strategiewechsel mitten in der Modellentwurfs- oder Bereitstellungsphase erforderlich machen.

Messen Sie die Wirksamkeit Ihrer Predictive Analytics nicht nur anhand ihrer Genauigkeit, sondern auch, indem Sie ihre Grenzen erkennen und die Qualität Ihrer Eingabedaten, die Eignung des von Ihnen gewählten Modells, die Klarheit Ihrer definierten Ergebnisse und die Auswirkungen unvorhergesehener externer Auswirkungen ständig hinterfragen Variablen. Nur dann können Sie die wahre Leistungsfähigkeit der Predictive Analytics bei der Vorhersage und Gestaltung zukünftiger Ereignisse voll ausschöpfen.

X. Prädiktive Analysen in umsetzbare Erkenntnisse umwandeln

XI Die Grundlagen umsetzbarer Erkenntnisse verstehen

Um vollständig zu verstehen, wie prädiktive Analysen in umsetzbare Erkenntnisse umgewandelt werden können, ist es wichtig, zunächst zu verstehen, was umsetzbare Erkenntnisse umfassen. Bei einer umsetzbaren Erkenntnis handelt es sich um Informationen, auf die sich ein Unternehmen verlassen kann, um strategische Entscheidungen zu treffen. Es bietet Managern greifbare Informationen, die es, wenn sie umgesetzt werden, möglich machen, den Geschäftsbetrieb, das Kundenerlebnis und letztendlich das Endergebnis zu verbessern. Diese Erkenntnisse werden aus analysierten Daten abgeleitet, die Trends, Muster und Zusammenhänge im Hinblick auf das Verhalten von Verbrauchern und die Leistung des Unternehmens aufdecken.

Im Kontext von Predictive Analytics könnten diese Erkenntnisse in Form von Vorhersagen über zukünftige Trends, Kundenverhalten, Marktentwicklungen und andere für den Geschäftserfolg wesentliche Betriebskennzahlen vorliegen. Einige Beispiele sind die Vorhersage der Kundenabwanderung, die Vorhersage zukünftiger Verkäufe und die Abschätzung der Auswirkungen spezifischer Geschäftsentscheidungen.

X.II. Der Prozess der Schaffung umsetzbarer Erkenntnisse

Predictive Analytics, eine Komponente der Datenanalyse, konzentriert sich in erster Linie auf die Nutzung von Daten, statistischen Algorithmen und KI-Techniken, um die Wahrscheinlichkeit zukünftiger Ergebnisse auf der

Grundlage historischer Daten zu ermitteln. Die Generierung umsetzbarer Erkenntnisse durch prädiktive Analysen kann durch einen definierten Prozess erreicht werden, der die folgenden Phasen umfasst:

1. **Datenerfassung:** Der Prozess beginnt mit der Erfassung von Daten aus verschiedenen Quellen wie Geschäftssystemen, Kundenfeedbackplattformen, sozialen Medien, Kundeninteraktionskanälen, öffentlichen Datenbanken usw. Der Reichtum und die Vielfalt der in dieser Phase gesammelten Daten spielen dabei eine entscheidende Rolle Qualität der Erkenntnisse, die generiert werden.

2. **Datenbereinigung und -aufbereitung:** Dieser Schritt umfasst die Entfernung von Fehlern, doppelten Informationen, irrelevanten Daten und anderen Unstimmigkeiten, die die Zuverlässigkeit der gewonnenen umsetzbaren Erkenntnisse beeinträchtigen könnten.

3. **Analyse:** Dies ist die Phase, in der Vorhersagemodelle erstellt und angewendet werden, häufig unter Verwendung fortschrittlicher Algorithmen und Techniken des maschinellen Lernens. Der Hauptzweck dieser Phase besteht darin, Muster und Beziehungen zwischen Variablen in den Daten zu identifizieren, die analysiert werden können, um zukünftige Ergebnisse vorherzusagen.

4. **Generierung von Erkenntnissen:** Hier werden die Ergebnisse der Analyse interpretiert und in Erkenntnisse oder Empfehlungen übersetzt, die direkt auf Geschäftsabläufe oder -strategien anwendbar sind.

5. **Umsetzung:** In der letzten Phase geht es darum, die Erkenntnisse zur Entscheidungsfindung und Aktionsplanung zu nutzen. Abhängig von den spezifischen gewonnenen Erkenntnissen und der Art

des Geschäfts kann dies eine Vielzahl unterschiedlicher Maßnahmen umfassen.

X.III. Der Wert umsetzbarer Erkenntnisse in Predictive Analytics

Die Umwandlung prädiktiver Analysen in umsetzbare Erkenntnisse ist von größter Bedeutung, da diese Transformation einen Mehrwert für ein Unternehmen darstellt. Predictive Analytics allein eignet sich hervorragend, um vorherzusagen, was in der Zukunft passieren könnte. Ohne die Umsetzung dieser Vorhersagen in umsetzbare Strategien sind die Informationen jedoch grundsätzlich von geringem Nutzen.

Wenn beispielsweise prädiktive Analysen ergeben, dass ein Unternehmen Gefahr läuft, im nächsten Quartal einen erheblichen Teil seiner Kunden zu verlieren, können die umsetzbaren Erkenntnisse das Unternehmen dazu veranlassen, in Kundenbindungsprogramme zu investieren.

Darüber hinaus bieten umsetzbare Erkenntnisse einen greifbaren Anhaltspunkt für die strategische Planung. Anstelle vager Vorstellungen oder Annahmen über die Geschäftsleistung und die Marktbedingungen können Unternehmen diese Erkenntnisse nutzen, um datengesteuerte Entscheidungen zu treffen, die das Unternehmen seinen Zielen näher bringen.

Zusammenfassend lässt sich sagen, dass prädiktive Analysen wie die Augen fungieren, die Unternehmen helfen, die wahrscheinliche Zukunft zu erkennen, während umsetzbare Erkenntnisse die Füße sind, die diesen Unternehmen dabei helfen, sich strategisch auf den zukünftigen Erfolg vorzubereiten.

XY Umsetzbare Erkenntnisse und ihre Bedeutung verstehen

Bevor wir uns damit befassen, wie man prädiktive Analysen in umsetzbare Erkenntnisse umwandelt, ist es wichtig zu verstehen, was umsetzbare Erkenntnisse sind und warum sie in der technologiegetriebenen Geschäftslandschaft von entscheidender Bedeutung sind.

Der Begriff „umsetzbare Erkenntnisse" bezieht sich auf wertvolle Informationen aus Ihren Daten, die zur Verbesserung von Geschäftsstrategien und -abläufen genutzt werden können. Im Bereich der Datenanalyse werden damit Erkenntnisse aus statistischen Trends und Mustern übersetzt und in eine Strategie oder Aktion umgewandelt. Bei einer umsetzbaren Erkenntnis geht es nicht nur darum, die verborgenen Informationen in den Daten zu verstehen, sondern dieses Verständnis auch in geeignete Maßnahmen umzusetzen, um Entscheidungsprozesse effektiv zu unterstützen.

Die Bedeutung dieser Erkenntnisse kann nicht genug betont werden. Im heutigen wettbewerbsintensiven Geschäftsumfeld haben Unternehmen einen strategischen Vorteil, die schnell umsetzbare Erkenntnisse nutzen können, um sich an Veränderungen anzupassen. Mithilfe dieser Erkenntnisse können Unternehmen genauere Prognosen erstellen, Prozesse optimieren, die Kundenzufriedenheit verbessern, den Umsatz steigern, Kosten senken und fundiertere strategische Entscheidungen treffen. Darüber hinaus bieten umsetzbare Erkenntnisse eine solide Grundlage für die Ausrichtung von Geschäftsstrategien und -prozessen an Kundenbedürfnissen und Markttrends, was letztendlich zu einer besseren Wettbewerbspositionierung und langfristigem Erfolg führt.

XY1 übersetzt prädiktive Analysen in umsetzbare Erkenntnisse

Schauen wir uns nun an, wie prädiktive Analysen in umsetzbare Erkenntnisse umgesetzt werden können.

1. **Hochwertige Datenerfassung** : Der erste Schritt zur Generierung umsetzbarer Erkenntnisse aus prädiktiven Analysen besteht in der Erfassung hochwertiger Daten. Stellen Sie sicher, dass die Datenerfassungsprozesse robust genug sind, um genaue und repräsentative Daten aus verschiedenen Bereichen Ihres Unternehmens zu erfassen. Achten Sie außerdem auf mögliche Verzerrungen in Ihren Daten, um die Objektivität der Vorhersagen zu wahren.

2. **Analysieren und interpretieren Sie die Daten** : Als nächstes wenden Sie Data Mining, statistische Algorithmen und Techniken des maschinellen Lernens an, um die gesammelten Daten zu analysieren und Muster und Trends zu identifizieren. Hier können verschiedene Vorhersagemodelle verwendet werden, um die wahrscheinlichen zukünftigen Ergebnisse zu bestimmen. Die hier vorgenommenen Interpretationen bilden die Grundlage für Ihre umsetzbaren Erkenntnisse.

3. **Fassen Sie die Ergebnisse zu einer Strategie zusammen** : Sobald die Vorhersagemuster erkannt sind, kombinieren Sie die Ergebnisse zu einer praktikablen Strategie. Dazu gehört die Entscheidungsfindung darüber, welche Vorhersagen für Ihr Unternehmen am wichtigsten sind, die Umsetzung quantitativer Ergebnisse in qualitative Erkenntnisse und dann in umzusetzende Maßnahmen.

4. **Umsetzung der Erkenntnisse** : Nachdem Sie
verstanden haben, was die Ergebnisse bedeuten, und
eine entsprechende Strategie entwickelt haben,
besteht der nächste Schritt darin, den Plan in die Tat
umzusetzen. Die rechtzeitige und effektive
Umsetzung der Strategie ist entscheidend, um Ihre
Erkenntnisse optimal zu nutzen.
5. **Überwachung und Anpassung** : Schließlich ist bei
der Umsetzung der aus der prädiktiven Analyse
abgeleiteten Maßnahmen eine kontinuierliche
Überwachung der Ergebnisse von entscheidender
Bedeutung. Dies ermöglicht es Unternehmen, ihre
Strategien basierend auf Echtzeit-Feedback
anzupassen und zu optimieren und sich mit der
dynamischen Geschäftsumgebung
weiterzuentwickeln.

XY2 Herausforderungen bei der Nutzung umsetzbarer Erkenntnisse

Während Predictive Analytics das Potenzial hat, eine Fülle
umsetzbarer Erkenntnisse zu erschließen, gibt es noch
Herausforderungen zu meistern. Dazu gehören der Umgang
mit der Menge, Geschwindigkeit und Vielfalt großer
Datenmengen, die Gewährleistung von Datenqualität und -
sicherheit sowie die Umsetzung komplexer
Vorhersageergebnisse in Maßnahmen. Auch der Mangel an
qualifizierten Datenexperten und die Dynamik von
Datentrends und Algorithmen können eine Herausforderung
darstellen.

Trotz dieser Herausforderungen ist die Nutzung umsetzbarer
Erkenntnisse aus prädiktiven Analysen eine Investition, die
enorme Erträge bringen kann. Durch die Kombination von
technologischem Fortschritt, statistischem Fachwissen und

strategischer Weitsicht können Unternehmen Datenberge in Goldminen umsetzbarer Erkenntnisse verwandeln. Daher ist ein kontinuierliches Engagement für die Verbesserung der Datenerfassung, -analyse und der Aktionspläne für Unternehmen unerlässlich, um die Leistungsfähigkeit von Predictive Analytics erfolgreich nutzen zu können.

X.1 Operationalisierung von Predictive Analytics: So implementieren Sie umsetzbare Erkenntnisse

Das Verstehen der Muster und Trends in Ihren Daten ist ein notwendiger Schritt, aber die wahre Stärke der prädiktiven Analyse liegt in ihrer Fähigkeit, sinnvolle Maßnahmen anzustoßen. Vor diesem Hintergrund ist es von entscheidender Bedeutung, Ihren Predictive-Analytics-Prozess effektiv zu operationalisieren.

X.1.1 Umsetzbare Metriken definieren

Beginnen Sie mit der Definition der Kennzahlen, die für Ihre spezifischen Geschäftsziele am relevantesten sind. Dazu können die Kundenabwanderungsrate, die Conversion-Rate der Marketingkampagne, monatlich aktive Benutzer, der durchschnittliche Umsatz pro Benutzer usw. gehören. Sobald Sie die wichtigsten Kennzahlen ausgewählt haben, modellieren Sie Ihren prädiktiven Analyseprozess danach.

X.1.2 Erstellen robuster Vorhersagemodelle

Ihre umsetzbaren Kennzahlen sollten die Entwicklung Ihrer Vorhersagemodelle leiten. Überlegen Sie beispielsweise, ob Ihr Ziel darin besteht, die Kundenabwanderung zu reduzieren. Ihr Vorhersagemodell nutzt möglicherweise Daten zum Kundenverhalten und Kennzahlen zum Kundenengagement, um vorherzusagen, bei welchen

Personen das Risiko einer Abwanderung besteht. Sobald das Modell entwickelt ist, iterieren und verfeinern Sie es ständig, um seine Vorhersagefähigkeit zu verbessern.

X.1.3 Aktionspläne anpassen

Entwickeln Sie basierend auf den Vorhersagen Ihrer Modelle geeignete Aktionspläne. Dies sollten konkrete, erreichbare Aufgaben sein, die von Ihrem Team durchgeführt werden können. Um bei unserem Abwanderungsbeispiel zu bleiben: Ein Aktionsplan könnte darin bestehen, gefährdete Kunden mit personalisierten Angeboten zu erreichen oder eine Feedback-Umfrage durchzuführen, um die Ursachen der Unzufriedenheit aufzudecken.

X.1.4 Automatisierte Reaktionssysteme

Integrieren Sie den Einsatz automatisierter Reaktionssysteme so weit wie möglich in Ihre Aktionspläne. Beispielsweise könnte ein E-Mail-Marketingsystem die Kunden automatisch nach ihrem Risikograd segmentieren und ihnen gezielte E-Mails senden. Dies macht Ihren Prozess nicht nur effizient, sondern gewährleistet auch zeitnahe Antworten.

X.1.5 Kommunikation fördern

Stellen Sie prädiktive Analyseeinblicke in allen relevanten internen Teams bereit. Dies kann die Gestaltung intuitiver Dashboards umfassen, die die Erkenntnisse klar und überzeugend vermitteln, und die Schulung der Teammitglieder in der Interpretation der Daten und der Umsetzung der Entscheidungen.

X.1.6 Ergebnisse messen

Nicht zuletzt ist es wichtig, die Ergebnisse der ergriffenen Maßnahmen zu überprüfen und zu messen. Während Maßnahmen ausgeführt werden, sollten die Ergebnisse kontinuierlich überwacht werden, um die Wirksamkeit zu bewerten und die Modelle bei Bedarf neu zu kalibrieren. Dies bildet einen Zyklus iterativer Verbesserung, der Ihren Predictive-Analytics-Prozess und seine Auswirkungen auf Ihre realen Geschäftsabläufe kontinuierlich verfeinert.

Zusammenfassend lässt sich sagen, dass die Umwandlung prädiktiver Analysen in umsetzbare Erkenntnisse keine einmalige Aufgabe ist. Es beinhaltet einen disziplinierten Ansatz zur iterativen Erstellung von Vorhersagemodellen, zur Umsetzung von Maßnahmen, zur Überwachung der Ergebnisse und zur Verfeinerung der Methoden. Die Vorteile sind jedoch groß, denn Unternehmen, denen diese Aufgabe gelingt, erhalten einen greifbaren, datengesteuerten Leitfaden für ihre künftigen Abläufe.

X.1 Nutzung prädiktiver Analyseergebnisse

Der Hauptzweck von Predictive Analytics besteht darin, wertvolle Erkenntnisse aus Daten zu gewinnen und diese Informationen zu nutzen, um zukünftige Muster, Trends und Verhaltensweisen vorherzusagen. Allerdings sind die Rohergebnisse von Predictive Analytics allein nicht unbedingt „umsetzbar". Um die Leistungsfähigkeit dieser Vorhersagemodelle voll auszuschöpfen, ist es wichtig, diese Rohergebnisse in umsetzbare Erkenntnisse umzuwandeln, die in Entscheidungsprozessen genutzt werden können.

X.1.1 Interpretieren der Ergebnisse der prädiktiven Analyse

Der erste Schritt, um prädiktive Analysen in umsetzbare Erkenntnisse umzuwandeln, ist die richtige Interpretation der Ausgabedaten. Dieser Prozess erfordert ein tiefes Verständnis des Vorhersagemodells, der verwendeten Daten und der Ausgabe selbst. Analysten müssen klären, ob es dem Modell gelungen ist, Muster zu erkennen und genaue Vorhersagen zu treffen. Einfache Metriken wie Genauigkeit, Präzision, Rückruf und F1-Score können einen schnellen Einblick in die Leistung des Modells liefern. Diese Metriken sollten jedoch mit Vorsicht interpretiert werden, da eine mögliche Über- oder Unteranpassung des Modells zu berücksichtigen ist.

Ein umfassendes Verständnis der Vorhersagemodelle ermöglicht es Unternehmen, potenzielle Fehler in diesen Modellen zu erkennen und so die Entwicklung besserer Strategien zu unterstützen oder notwendige Anpassungen für zukünftige Vorhersagen vorzunehmen.

X.1.2 Vorhersagen umsetzbar machen

Sobald die Vorhersagen genau interpretiert wurden, können sie in umsetzbare Erkenntnisse umgewandelt werden. Je nach Kontext können unterschiedliche Ansätze anwendbar sein. In einem Verkaufsszenario können Vorhersagen beispielsweise verwendet werden, um potenzielle umsatzstarke Kunden zu identifizieren, gezielte Marketingmaßnahmen auszulösen oder strategische Preisstrategien zu planen. In einer Produktionsumgebung könnten Wartungspläne oder Teileaustausch auf der Grundlage vorhersehbarer Ausfallraten angepasst werden.

X.1.3 Erkenntnisse mit Entscheidungsfindung verbinden

Das ultimative Ziel umsetzbarer Erkenntnisse besteht darin, in Entscheidungsprozesse einzufließen. Durch die Integration prädiktiver Analysen in den Geschäftsbetrieb können Unternehmen datengesteuerte Entscheidungen treffen und sich so einen Wettbewerbsvorteil verschaffen. Allerdings muss die Integration von Predictive Analytics sorgfältig angegangen werden. Es ist von entscheidender Bedeutung, sicherzustellen, dass sich Unternehmen nicht zu sehr auf datengesteuerte Entscheidungen verlassen, ohne menschliche Elemente wie Kreativität und Intuition einzubeziehen.

Darüber hinaus hängt die Wirksamkeit der Integration prädiktiver Analysen in die Entscheidungsfindung weitgehend von der Kultur des Unternehmens in Bezug auf datengesteuerte Entscheidungsfindung und seiner Offenheit für Veränderungen ab. Daher müssen Unternehmen sicherstellen, dass sie eine datenzentrierte Kultur fördern und gleichzeitig robuste Mechanismen für das Änderungsmanagement aufbauen.

X.1.4 Visualisierung prädiktiver Analysen

Die Umwandlung von Rohdaten in ein visuelles Format ist ein weiteres Schlüsselelement, um prädiktive Analysen vollständig umsetzbar zu machen. Datenvisualisierungstools wie Diagramme, Infografiken, Heatmaps usw. können komplexe Daten verständlicher, aufschlussreicher und nutzbarer machen. Wenn Sie beispielsweise die prognostizierten Verkäufe eines Produkts im nächsten Quartal grafisch darstellen, können Sie Muster und Trends visuell darstellen und so die Zahlen greifbarer und aussagekräftiger machen.

Zusammenfassend lässt sich sagen, dass die Umwandlung prädiktiver Analysen in umsetzbare Erkenntnisse ein

Prozess ist, der eine ordnungsgemäße Interpretation der Ausgabedaten erfordert, um die Vorhersagen umsetzbar zu machen, sie in Entscheidungsprozesse zu integrieren und sie visuell darzustellen. Diese Erkenntnisse geben nicht nur Aufschluss darüber, was in der Zukunft geschehen könnte; Sie liefern auch wertvolle Anweisungen dazu, welche Schritte jetzt unternommen werden sollten, um prognostizierte Ergebnisse zu erzielen oder potenzielle Risiken zu mindern.

„Prädiktive Analysen in umsetzbare Erkenntnisse umwandeln"

A. Die Leistungsfähigkeit von Predictive Analytics verstehen

Predictive Analytics ist eine fortschrittliche Form der Analyse, die historische Daten, statistische Algorithmen und Techniken des maschinellen Lernens nutzt, um zukünftige Ergebnisse vorherzusagen. Dieses Tool wird von Unternehmen in verschiedenen Branchen wie Gesundheitswesen, Marketing, Einzelhandel, Finanzen und anderen genutzt, um fundierte Entscheidungen und Strategien für die Zukunft zu treffen.

Im Wesentlichen nutzt Predictive Analytics die Leistungsfähigkeit von Daten, um Erkenntnisse darüber zu gewinnen, was in der Zukunft am wahrscheinlichsten passieren wird. Es nutzt eine Vielzahl von Statistik-, Modellierungs-, Data-Mining- und maschinellen Lerntechniken, um die vergangene Leistung zu untersuchen und die zukünftigen Ergebnisse vorherzusagen.

Vorhersagemodelle erfassen die Beziehungen zwischen verschiedenen Datenelementen und suchen nach Mustern oder Trends, die innerhalb dieser Beziehungen aufgedeckt werden, um zukünftige Risiken und Chancen vorherzusagen. Durch die Entschlüsselung dieser zugrunde liegenden Muster und potenziellen Trends können Unternehmen verstehen, wie verschiedene Variablen die Entwicklung ihres Unternehmens beeinflussen, und so fundiertere, datengesteuerte Entscheidungen treffen.

B. Umwandlung prädiktiver Intelligenz in umsetzbare Erkenntnisse

Während die prädiktive Analyse uns ein wahrscheinliches zukünftiges Ergebnis liefert, ist es wichtig, sich daran zu erinnern, dass es nicht ausreicht, die Zukunft allein zu kennen; Entscheidend ist, wie wir dieses Wissen zu unserem Vorteil nutzen. Mit anderen Worten: Vorhersageanalysen müssen in umsetzbare Erkenntnisse umgewandelt werden, um eine effektive Entscheidungsfindung voranzutreiben.

So können Sie das tun:

- **Entscheidungsfindung:** Nutzen Sie prädiktive Analysen, um fundierte Entscheidungen über die Zuweisung von Ressourcen, das Risikomanagement und die strategische Planung zu treffen. Einzelhändler können beispielsweise Daten über frühere Einkäufe und Präferenzen der Kunden nutzen, um vorherzusagen, welche Produkte sich in Zukunft am besten verkaufen werden, und den Lagerbestand entsprechend zu lagern.

- **Strategische Planung:** Predictive Analytics kann Unternehmen dabei helfen, ihre nächsten Schritte zu planen, indem es Einblicke in die Zukunft liefert. Unternehmen können die Erkenntnisse beispielsweise nutzen, um ihre Marketingstrategien zu planen, indem sie verstehen, welche Art von Inhalten ihr Publikum am meisten anspricht oder in welcher Region ihre Produkte wahrscheinlich mehr verkauft werden.
- **Risikomanagement:** Predictive Analytics spielt auch eine entscheidende Rolle bei der Identifizierung potenzieller Risiken und der Ergreifung vorbeugender Maßnahmen. Finanzinstitute können beispielsweise prädiktive Analysen nutzen, um das Kreditrisiko eines potenziellen Kreditnehmers einzuschätzen. Ebenso können Unternehmen durch die Analyse von Betriebsdaten Geräteausfälle oder Unterbrechungen in der Produktionskette vorhersehen.
- **Personalisierung:** Durch das Verständnis des Kundenverhaltens in der Vergangenheit ermöglicht Predictive Analytics Unternehmen, personalisierte Kundenerlebnisse anzubieten. Dieser Aspekt trägt zum Aufbau stärkerer Kundenbeziehungen bei und fördert die Loyalität, was letztendlich die Rentabilität Ihres Unternehmens steigert.

C. Zu vermeidende Fallstricke bei der Generierung umsetzbarer Erkenntnisse

Während Predictive Analytics Unternehmen dabei helfen kann, komplexe Datensätze zu analysieren und zukünftige Ergebnisse vorherzusagen, ist es wichtig, bestimmte Fallstricke bei der Generierung umsetzbarer Erkenntnisse zu vermeiden:

- **Datenqualität:** Die Genauigkeit Ihrer Vorhersagen hängt weitgehend von der Qualität der von Ihnen analysierten Daten ab. Die Verwendung unzureichender, veralteter oder irrelevanter Daten kann Ihre Ergebnisse erheblich verzerren und zu falschen Schlussfolgerungen führen. Stellen Sie daher sicher, dass Ihre Daten vollständig, relevant und aktuell sind.
- **Bandwagon-Effekt:** Folgen Sie nicht blind dem Trend; Nicht jede analytische Vorhersage ist für alle Unternehmen geeignet. Was für ein Unternehmen funktioniert, muss nicht zwangsläufig auch für ein anderes funktionieren. Daher ist es wichtig, das richtige prädiktive Analysetool zu ermitteln, das den spezifischen Anforderungen und Zielen Ihres Unternehmens entspricht.
- **Unterlassenes Handeln:** Das bloße Erkennen der Möglichkeiten bringt keinen Nutzen, es sei denn, es werden Maßnahmen ergriffen. Der Schlüssel liegt darin, diese Erkenntnisse effektiv in Maßnahmen umzusetzen, die mit Ihren Geschäftszielen übereinstimmen.
- **Implementierung in Silos:** Predictive Analytics sollte nicht isoliert für eine einzelne Geschäftsfunktion verwendet werden. Um eine maximale Wirkung zu erzielen, integrieren Sie prädiktive Analysen abteilungsübergreifend, um das volle Potenzial Ihrer Daten auszuschöpfen.

Denken Sie daran: Predictive Analytics ist keine Kristallkugel, die auf magische Weise die Zukunft vorhersagt. In Verbindung mit strategisch umsetzbaren Erkenntnissen könnte es jedoch Ihren Entscheidungsprozess grundlegend verändern und das Wachstum und den langfristigen Erfolg Ihres Unternehmens vorantreiben.

Haftungsausschluss für Urheberrechte und Inhalte:

Ungenauigkeiten oder Auslassungen und schließen ausdrücklich jegliche stillschweigende Gewährleistung der Marktgängigkeit oder der Eignung für einen bestimmten Zweck aus. Wir haften in keinem Fall für entgangenen Gewinn oder andere kommerzielle Schäden oder Sachschäden, einschließlich, aber nicht beschränkt auf AUF BESONDERE, ZUFÄLLIGE, FOLGESCHÄDEN ODER ANDERE SCHÄDEN; ODER FÜR VERZÖGERUNGEN BEIM INHALT ODER DER ÜBERTRAGUNG DER DATEN IN UNSEREM BUCH ODER DASS DAS BUCH IMMER VERFÜGBAR IST.

Darüber hinaus ist es wichtig zu beachten, dass Sprachmodelle wie ChatGPT auf Deep-Learning-Techniken basieren und auf riesigen Textdatenmengen trainiert wurden, um menschenähnlichen Text zu generieren. Diese Textdaten umfassen eine Vielzahl von Quellen wie Bücher, Artikel, Websites und vieles mehr. Dieser Trainingsprozess ermöglicht es dem Modell, Muster und Beziehungen innerhalb des Textes zu lernen und kohärente und kontextbezogene Ausgaben zu generieren.

Sprachmodelle wie ChatGPT können in einer Vielzahl von Anwendungen verwendet werden, einschließlich, aber nicht beschränkt auf, Kundenservice, Inhaltserstellung und Sprachübersetzung. Im Kundenservice beispielsweise können Sprachmodelle eingesetzt werden, um Kundenanfragen schnell und präzise zu beantworten, wodurch menschliche Agenten für die Bearbeitung komplexerer Aufgaben entlastet werden. Bei der Inhaltserstellung können Sprachmodelle zum Generieren von Artikeln, Zusammenfassungen und Bildunterschriften verwendet werden, was den Erstellern von Inhalten Zeit und Aufwand spart. Bei der Sprachübersetzung können Sprachmodelle dabei helfen, Texte mit hoher Genauigkeit von einer Sprache in eine andere zu übersetzen und so dabei helfen, Sprachbarrieren abzubauen.

Es ist jedoch wichtig zu bedenken, dass Sprachmodelle zwar große Fortschritte bei der Generierung menschenähnlicher Texte gemacht haben, sie jedoch nicht perfekt sind. Das Verständnis des Modells für den Kontext und die Bedeutung des Textes unterliegt immer noch Einschränkungen und kann zu falschen oder anstößigen Ergebnissen führen. Daher ist es wichtig, Sprachmodelle mit Vorsicht zu verwenden und stets die Genauigkeit der vom Modell generierten Ausgaben zu überprüfen.

Finanzielle Haftungsausschluss

Dieses Buch soll Ihnen helfen, die Welt des Online-Investierens zu verstehen, Ihre Ängste vor dem Einstieg zu beseitigen und Ihnen bei der Auswahl guter Investitionen zu helfen. Unser Ziel ist es, Ihnen dabei zu helfen, die Kontrolle über Ihr finanzielles Wohlergehen zu übernehmen, indem wir Ihnen eine solide Finanzausbildung und verantwortungsvolle Anlagestrategien bieten. Die in diesem Buch und in unseren Diensten enthaltenen Informationen dienen jedoch nur der allgemeinen Information und Bildungszwecken. Es ist nicht als Ersatz für eine rechtliche, kommerzielle und/oder finanzielle Beratung durch einen zugelassenen Fachmann gedacht. Das Geschäft mit Online-Investitionen ist eine komplizierte Angelegenheit, die für den Erfolg jeder Investition eine sorgfältige finanzielle Due Diligence erfordert. Es wird Ihnen dringend empfohlen, die Dienste qualifizierter und kompetenter Fachleute in Anspruch zu nehmen, bevor Sie eine Investition tätigen, die sich auf Ihre Finanzen auswirken könnte. Diese Informationen werden in diesem Buch bereitgestellt, einschließlich der Art und Weise, wie es erstellt wurde, und werden zusammenfassend als „Dienste" bezeichnet.

Seien Sie vorsichtig mit Ihrem Geld. Verwenden Sie nur Strategien, bei denen Sie beide die potenziellen Risiken verstehen und mit denen Sie sich wohlfühlen. Es liegt in Ihrer

Verantwortung, klug zu investieren und Ihre persönlichen und finanziellen Daten zu schützen.

Wir glauben, dass wir eine großartige Gemeinschaft von Anlegern haben, die durch Investitionen finanziellen Erfolg erzielen und sich gegenseitig dabei helfen möchten. Dementsprechend ermutigen wir die Leute, in unserem Blog und möglicherweise in Zukunft auch in unserem Forum Kommentare abzugeben. Viele Menschen werden zu diesem Thema beitragen, es wird jedoch Zeiten geben, in denen Menschen unbeabsichtigt oder unabsichtlich irreführende, täuschende oder falsche Informationen bereitstellen.

Sie sollten sich NIEMALS auf Informationen oder Meinungen verlassen, die Sie zu diesem Buch oder einem Buch, auf das wir verlinken, lesen. Die Informationen, die Sie hier und in unseren Dienstleistungen lesen, sollten als Ausgangspunkt für Ihre EIGENE RECHERCHE zu verschiedenen Unternehmen und Anlagestrategien dienen, damit Sie eine fundierte Entscheidung darüber treffen können, wo und wie Sie Ihr Geld investieren.

WIR GARANTIEREN NICHT DIE RICHTIGKEIT, ZUVERLÄSSIGKEIT ODER VOLLSTÄNDIGKEIT DER IN DEN KOMMENTAREN, IM FORUM ODER IN ANDEREN ÖFFENTLICHEN BEREICHEN DES BUCHS ODER IN EINEM IN UNSEREM BUCH ERSCHEINENDEN HYPERLINK BEREITGESTELLTEN INFORMATIONEN.

Unsere Dienstleistungen sollen Ihnen dabei helfen, zu verstehen, wie Sie für sich selbst gute Investitions- und persönliche Finanzentscheidungen treffen können. Sie tragen die alleinige Verantwortung für die von Ihnen getroffenen Anlageentscheidungen. Wir übernehmen keine Verantwortung für Fehler oder Auslassungen im Buch, auch nicht in Artikeln oder Beiträgen, für in Nachrichten eingebettete Hyperlinks oder für Ergebnisse, die sich aus der Verwendung solcher Informationen ergeben. Wir haften auch nicht für Verluste oder Schäden, einschließlich etwaiger Folgeschäden, die dadurch entstehen, dass sich ein Leser auf Informationen verlässt, die er durch die Nutzung unserer Dienste erhält. Bitte nutzen Sie unser Buch nicht, wenn Sie keine Selbstverantwortung für Ihr Handeln übernehmen.

Die US-Börsenaufsicht SEC (Securities and Exchange Commission) hat zusätzliche Informationen zum Thema Cyberbetrug veröffentlicht, die Ihnen helfen sollen, ihn zu erkennen und wirksam zu bekämpfen. Weitere Hilfe zu Online-Investitionsprogrammen und deren Vermeidung erhalten Sie auch in den folgenden Büchern: http://www.sec.gov und http://www.finra.org sowie http://www.nasaa.org Hierbei handelt es sich jeweils um Organisationen, die zum Schutz von Online-Investoren gegründet wurden.

Wenn Sie unsere Ratschläge ignorieren und keine unabhängige Recherche zu den verschiedenen Branchen, Unternehmen und Aktien durchführen, beabsichtigen Sie, in Informationen, „Tipps" oder Meinungen aus unserem Buch zu investieren und sich ausschließlich auf diese zu verlassen – Sie stimmen zu, dass Sie dies getan haben Sie treffen eine bewusste, persönliche Entscheidung aus Ihrem eigenen freien Willen und werden unter keinen Umständen versuchen, uns für die daraus resultierenden Ergebnisse verantwortlich zu machen. Die hier angebotenen Dienstleistungen dienen nicht dazu, als Ihr persönlicher Anlageberater zu fungieren. Wir kennen nicht alle relevanten Fakten über Sie und/oder Ihre individuellen Bedürfnisse und wir behaupten nicht, dass unsere Dienste für Ihre Bedürfnisse geeignet sind. Wenn Sie eine persönliche Beratung wünschen, sollten Sie einen registrierten Anlageberater aufsuchen.

Links zu anderen Websites. Von Zeit zu Zeit können Sie über unsere Website auch auf andere Bücher verlinken. Wir haben keine Kontrolle über den Inhalt oder die Handlungen der Bücher, auf die wir verlinken, und haften nicht für alles, was im Zusammenhang mit der Nutzung dieser Bücher geschieht. Die Aufnahme von Links sollte, sofern nicht ausdrücklich anders angegeben, nicht als Befürwortung oder Empfehlung dieses Buches oder der darin geäußerten Ansichten angesehen werden. Sie, und nur Sie, sind dafür verantwortlich, jedes Buch sorgfältig zu prüfen, bevor Sie Geschäfte mit ihnen tätigen.

Haftungsausschlüsse und -beschränkungen: Unter keinen Umständen, einschließlich, aber nicht beschränkt auf Fahrlässigkeit, können wir oder unsere Partner (sofern vorhanden) oder eines unserer verbundenen Unternehmen direkt oder indirekt für Verluste oder Schäden jeglicher Art verantwortlich oder haftbar gemacht werden von oder im Zusammenhang mit der Nutzung unserer Dienste, einschließlich, aber nicht beschränkt auf direkte, indirekte, Folgeschäden, unerwartete, besondere, exemplarische oder andere Schäden, die daraus resultieren können, einschließlich, aber nicht beschränkt auf wirtschaftliche Verluste, Verletzungen, Krankheit oder Tod oder ähnliches andere Arten von Verlusten oder Schäden oder unerwartete oder negative Reaktionen auf hierin enthaltene Vorschläge oder auf andere Weise, die Ihnen im Zusammenhang mit Ihrer Nutzung von Ratschlägen, Waren oder Dienstleistungen, die Sie auf der Website erhalten, unabhängig von der Quelle verursacht oder angeblich entstanden sind, oder jedes andere Buch, das Sie möglicherweise über Links von unserem Buch aus besucht haben, auch wenn Sie auf die Möglichkeit solcher Schäden hingewiesen wurden.

Das geltende Recht erlaubt möglicherweise keine Beschränkung oder einen Ausschluss der Haftung oder von

Neben– oder Folgeschäden (einschließlich, aber nicht beschränkt auf verlorene Daten), sodass die oben genannte Einschränkung oder der Ausschluss möglicherweise nicht auf Sie zutrifft. Allerdings übersteigt die Gesamthaftung von uns Ihnen gegenüber für alle Schäden, Verluste und Klagegründe (sei es aus Vertrag, unerlaubter Handlung oder anderweitig) in keinem Fall den Betrag, den Sie uns gegebenenfalls für die Nutzung unserer Dienste gezahlt haben Dienstleistungen, falls vorhanden. Und durch die Nutzung unserer Website erklären Sie sich ausdrücklich damit einverstanden, uns nicht für Konsequenzen haftbar zu machen, die sich aus Ihrer Nutzung unserer Dienste oder der darin bereitgestellten Informationen zu irgendeinem Zeitpunkt oder aus irgendeinem Grund ergeben, unabhängig von den Umständen.

Haftungsausschluss für spezifische Ergebnisse. Unser Ziel ist es, Ihnen durch Bildung und Investitionen dabei zu helfen, die Kontrolle über Ihr finanzielles Wohlergehen zu erlangen. Wir bieten Strategien, Meinungen, Ressourcen und andere Dienstleistungen, die speziell darauf ausgelegt sind, den Lärm und den Hype zu durchbrechen und Ihnen dabei zu helfen, bessere persönliche Finanz– und Anlageentscheidungen zu treffen. Es gibt jedoch keine Garantie dafür, dass eine Strategie oder Technik zu 100 % wirksam ist, da die Ergebnisse von Person zu Person sowie von der Anstrengung und dem Engagement, die sie zur Erreichung ihres Ziels unternehmen, unterschiedlich sein können. Und leider kennen wir Sie nicht. Daher erklären Sie sich mit der Nutzung und/oder dem Kauf unserer Dienste ausdrücklich damit einverstanden, dass die Ergebnisse, die Sie durch die Nutzung dieser Dienste erhalten, ausschließlich Ihnen überlassen sind. Darüber hinaus erklären Sie sich ausdrücklich damit einverstanden, dass sämtliche Risiken der Nutzung und etwaige Folgen einer solchen Nutzung ausschließlich bei Ihnen liegen. Und dass Sie zu keinem

Zeitpunkt oder aus irgendeinem Grund versuchen werden, uns haftbar zu machen, unabhängig von den Umständen.

Gemäß den gesetzlichen Bestimmungen können und werden wir keine Garantie dafür geben, dass Sie durch die Nutzung der über unser Buch erworbenen Dienste bestimmte Ergebnisse erzielen können. Nichts auf dieser Seite, unserem Buch oder einer unserer Dienstleistungen ist ein Versprechen oder eine Garantie für Ergebnisse, einschließlich der Tatsache, dass Sie einen bestimmten Geldbetrag oder überhaupt Geld verdienen werden. Sie verstehen auch, dass alle Investitionen mit einem gewissen Risiko verbunden sind Sie können beim Investieren tatsächlich Geld verlieren. Dementsprechend dienen alle in unserem Buch genannten Ergebnisse in Form von Erfahrungsberichten, Fallstudien oder auf andere Weise lediglich zur Veranschaulichung von Konzepten und sollten nicht als Durchschnittsergebnisse oder Versprechen für tatsächliche oder zukünftige Leistungen betrachtet werden.

bestimmte Ergebnisse oder Resultate aus der Verwendung der hier besprochenen Strategien und Techniken.

Erfahrungsberichte und Beispiele: Alle in diesem Buch präsentierten Erfahrungsberichte, Fallstudien oder Beispiele dienen nur der Veranschaulichung und garantieren nicht, dass die Leser ähnliche Ergebnisse erzielen. Der individuelle Erfolg beim Trading hängt von verschiedenen Faktoren ab, darunter der persönlichen finanziellen Situation, der Risikotoleranz und der Fähigkeit, die besprochenen Strategien und Techniken konsequent anzuwenden.

Marken: Alle in diesem Buch erwähnten Produktnamen, Logos und Marken sind Eigentum ihrer jeweiligen Inhaber. Die Verwendung dieser Namen, Logos und Marken bedeutet keine Billigung oder Zugehörigkeit zu den jeweiligen Eigentümern.